# PROGRAMACIONES DIDÁCTICAS PARA INFANTIL Y PRIMARIA

## Una propuesta práctica y fundamentada

Vicente Sierra Marti

Elio Pérez Calle

Raül Solbes Monzó

Naullibres

© Vicente Sierra Marti
Elio Pérez Calle
Raül Solbes Monzó

© Derechos de edición:
Nau Llibres
Periodista Badía 10. 46010 Valencia. Tel.: 96 360 33 36
E-mail: nau@naullibres.com - web: www.naullibres.com

Diseño de portada e interiores:          Ilustración de cubierta:
Pablo Navarro y                           @WrightStudio
Artes Digitales Nau Llibres

Imágenes e ilustraciones:

Pág. 013 @vinigret           Pág. 061 @.shock                Pág. 128 @olly18
Pág. 026 @AntonMatyukha      Pág. 064 @ArturVerkhovetskiy    Pág. 136 @lucadp
Pág. 031 @levente            Pág. 071 @Andrey_Kuzmin         Pág. 156 @leungchopan
Pág. 045 @jannystockphoto    Pág. 108 @peshkova
Pág. 049 @VitalikRadko       Pág. 116 @Diloka107

Imprime:
*Podiprint. Impreso en España. Printed in Spain.*

ISBN13: 978-84-19755-34-6

Depósito Legal: V- 1090 - 2024

Desmayarse, atreverse, estar furioso
con algún legislador majadero
y ante un auditorio lisonjero
recibir la loa alegre y airoso

es tan fácil y tal vez más juicioso,
y no encararse al febril quinceañero
que enardecido por algún tuitero
de vuelta al aula te espera anheloso.

Descarta inanes recetas de antaño
y esa urdimbre del iletrado grave
que solo rubrica yerro y engaño.

Asume tu parte, que es lo que cabe:
ánimo honesto y evitar el daño
es educar, quien lo probó lo sabe.

re-programa

## Agradecimientos

**De Vicente:**

A mi familia y amigos por estar siempre a mi lado, a mis compañeros y compañeras maestras, sobre todo a Alicia, Jose Luis, Héctor, Laura, Merche Manolo, Mª José y Rosy, por su lucha incesante por una educación de calidad y en especial a Ewi, por hacer especiales todos mis días y sin la que no habría sido posible cumplir todos mis propósitos.

**De Elio:**

Al maestro Don Graciano, y a Miguel por conservar su memoria.

**De Raül:**

A todas las maestras y maestros, especialmente a mis amigas y amigos del «Proyecto Roma». Deseo de todo corazón que esta obra contribuya a diseñar un proceso de enseñanza y aprendizaje efectivo y con propósito.

# Índice

**Preámbulo.**

# La programación didáctica

## 0.1. De la ley al aula

En 2004 se promovió desde el Ministerio de Educación y Ciencia un debate que dio como resultado la publicación del documento «Una educación de calidad para todos y entre todos»[1]. En la introducción se define: «La propuesta que ofrece el Ministerio de Educación y Ciencia en este documento consiste en una educación caracterizada, ante todo, por su calidad, que se preocupa por obtener los mejores resultados individuales y sociales, que está abierta a las necesidades formativas cada vez más exigentes que plantea nuestra sociedad, pero que pretende, al mismo tiempo, ofrecer una igualdad efectiva de oportunidades educativas a todos los alumnos, sin excepciones».

A partir de esta propuesta se desarrolló la Ley Orgánica 2/2006, de 3 de mayo, de Educación (LOE), que «hizo suyo el objetivo irrenunciable de proporcionar una educación de calidad a toda la ciudadanía en todos los niveles del sistema educativo; es decir, una educación basada en la combinación de los principios de calidad y equidad», y, además, adoptando «un compromiso decidido con los objetivos educativos planteados por la Unión Europea y la UNESCO»[2].

---

1    Ministerio de Educación y Ciencia, Una educación de calidad para todos y entre todos. Propuestas para el debate (Madrid, 2004).

2    Ley Orgánica 2/2006, de 3 de mayo, de Educación (preámbulo).

Después de las reformas realizadas en el sistema educativo a través de la Ley Orgánica 8/2013, de 9 de diciembre, para la mejora de la calidad educativa (LOMCE), en 2020, el gobierno quiso «revertir los cambios promovidos por la LOMCE», por un lado, y «revisar algunas de sus medidas y acomodarlas a los retos actuales de la educación», por otro[3]. Así pues, la principal finalidad de la Ley Orgánica 3/2020, de 29 de diciembre (LOMLOE) «no es otra que establecer un renovado ordenamiento legal que aumente las oportunidades educativas y formativas de toda la población, que contribuya a la mejora de los resultados educativos del alumnado, y satisfaga la demanda generalizada en la sociedad española de una educación de calidad para todos», con la intención de «garantizar una formación adecuada» y «que se centre en el desarrollo de las competencias», a través de «los objetivos fijados por la Unión Europea y la UNESCO para la década 2020-2030» y «la importancia de atender al desarrollo sostenible de acuerdo con lo establecido en la Agenda 2030».[4]

Para conseguir lo anteriormente citado, la LOMLOE propone un enfoque que «tiene como objetivo último reforzar la equidad y la capacidad inclusiva del sistema», y para ello es de vital importancia el «cumplimiento efectivo de los derechos de la infancia según lo establecido en la Convención sobre los Derechos del Niño de Naciones Unidas[5], *la inclusión educativa*[6] *y la aplicación de los principios del Diseño universal de aprendizaje*[7]».

En el caso de la Educación Infantil y Primaria estas medidas se consolidan con el Real Decreto 95/2022, de 1 de febrero, por el que se establece la ordenación y las enseñanzas mínimas de la Educación Infantil, y el Real Decreto 157/2022, de 1 de marzo, por el que se establecen la ordenación y las enseñanzas mínimas de la Educación Primaria. A partir de esta base, cada

---

3    Este libro referencia la normativa en vigor en su momento de publicación. En ningún caso toma partido en el debate ideológico ni juzga si la norma derogada o la norma en vigor es más adecuada.

4    Ley Orgánica 3/2020, de 29 de diciembre, por la que se modifica la Ley Orgánica 2/2006, de 3 de mayo, de Educación (preámbulo).

5    *Convención sobre los derechos del niño,* junio 2006. Unicef Comité Español.

6    *Declaración de Salamanca* (Unesco, 1994). Conferencia Mundial sobre Necesidades Educativas Especiales: Acceso y Calidad; Ainscow, M., Booth, T. (2002). *Guía para la evaluación y mejora de la educación inclusiva.* CSIE y Consorcio Universitario para la Educación Inclusiva; *Declaración de Incheon* (Incheon, 2015). Foro Mundial sobre la Educación.

7    Principio I: Proporcionar múltiples formas de representación (el qué del aprendizaje); Principio II: Proporcionar múltiples formas de acción y expresión (el cómo del aprendizaje); Principio III: Proporcionar múltiples formas de implicación (el porqué del aprendizaje).

comunidad autónoma desarrolla su propia normativa como concreción y ampliación a la estatal.

Posteriormente corresponde a los centros docentes la elaboración del proyecto educativo del centro (en adelante PEC) para el que «dispondrán de autonomía para elaborar, aprobar y ejecutar un proyecto educativo y un proyecto de gestión, así como las normas de organización y funcionamiento del centro». Para finalizar este proceso se lleva a cabo «la concreción de los currículos establecidos por la Administración educativa, que corresponde fijar y aprobar al Claustro, e impulsará y desarrollará los principios, objetivos y metodología propios de un aprendizaje competencial orientado al ejercicio de una ciudadanía activa»[8].

A partir de este momento, y con toda la información aportada desde los niveles de concreción anteriores, los diferentes ciclos de Educación Infantil y Primaria diseñan sus programaciones didácticas, también llamadas propuestas pedagógicas en algunas comunidades autónomas.

Finalmente, cada docente debe concretar éstas (programaciones didácticas o propuestas pedagógicas) a la realidad de su clase y para ello se sirve de la programación de aula.

**Diagrama 0.1. Niveles de concreción curricular.**

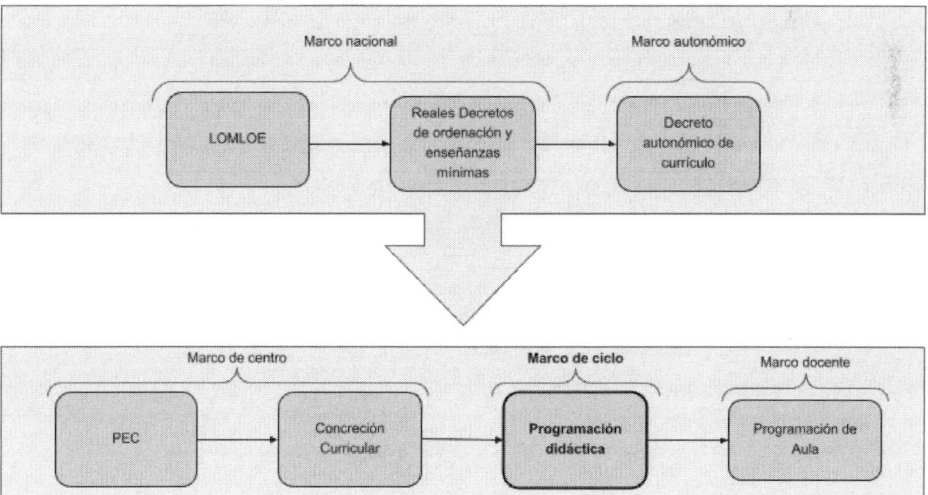

---

8    Ley Orgánica 2/2006, de 3 de mayo, de Educación (Título V).

> ### Reflexión
>
> *A la hora de elaborar la programación didáctica y la programación de aula es importante mantener la coherencia con todos los niveles de concreción curricular superiores. De esta forma nos aseguraremos de que nuestra puesta en práctica se corresponde de manera coherente con las diferentes disposiciones legales que nos sirven de referencia y así garantizamos una correcta adecuación a la realidad de nuestras aulas.*

## 0.2. Una cuestión semántica

Por lo que respecta a la programación didáctica, desde el punto de vista semántico, lo habitual es que los conceptos *planificar* y *programar* se utilicen indistintamente, al menos en castellano. No obstante, las definiciones de la Real Academia Española (RAE) ofrecen un punto de partida para poder diferenciarlas:

- Planificar: «hacer plan o proyecto de una acción. Someter a planificación, es decir, un plan general, metódicamente organizado y frecuentemente de gran amplitud, para obtener un objetivo determinado».
- Programar: «idear y ordenar las acciones necesarias para realizar un proyecto».

Partiendo de estas dos descripciones se puede distinguir la planificación, que implica diseñar un proyecto o plan, de la programación, que se centra en ordenar las acciones necesarias para ejecutarlo. Si se aplican estos conceptos a la educación y se considera que existen diferentes niveles en los que se concreta el currículo, se obtiene:

1. El PEC se planifica de acuerdo a disposiciones reglamentarias de rango superior (marco nacional y autonómico).
2. Las acciones para materializar el PEC en una determinada área, materia, ámbito o módulo profesional se programan.

Por lo que respecta a la palabra *didáctica,* la tercera acepción del diccionario de la RAE indica «que tiene como finalidad fundamental enseñar o instruir».

Atendiendo a todos estos conceptos, y sin entrar en las definiciones que aportan distintos expertos en currículo, la programación didáctica podría definirse como:

> **La ordenación de las acciones de enseñanza necesarias**
> **para ejecutar la planificación prevista**
> **en el Proyecto Educativo de Centro.**

De este modo, la programación didáctica se convierte en un instrumento que va a ayudar a sistematizar todas aquellas acciones que se van a implementar durante un curso académico. Corresponde a los diferentes ciclos de Educación Infantil y Educación Primaria su elaboración y evaluación teniendo en cuenta, principalmente, la línea pedagógica consensuada y expuesta dentro del PEC y los criterios acordados dentro de las diferentes propuestas pedagógicas de ciclo[9].

---

9    Para conocer el contenido mínimo que debe de aparecer en el PEC según la Ley Orgánica 3/2020, de 29 de diciembre (LOMLOE), y una propuesta de elementos mínimos para la concreción curricular, véase anexo A.

### Reflexión

*Además de una obligación legal, la programación didáctica es una herramienta indispensable que facilita la función docente. Como hemos recalcado anteriormente, queremos destacar por encima de todo que es un instrumento práctico e imprescindible para poder conseguir todos los objetivos que nos marcamos en el centro, ya que nos ayuda a estructurar y ordenar todas las acciones de enseñanza pensadas previamente en la elaboración del PEC y poder de esta manera dar respuesta a la realidad que nos encontramos todos los días en el aula.*

*En este sentido, el trabajo del profesorado es muy importante, pues la educación del alumnado durante todo un curso depende en gran parte de él. Desde este punto de vista no es posible dejar de lado una programación mínima, pues de lo contrario difícilmente podrán conseguirse todos los objetivos marcados. Es muy necesario saber qué se va a hacer y cómo hacerlo para evitar la improvisación, conseguir la máxima efectividad y que el alumnado sea consciente en todo momento de su propio proceso de aprendizaje.*

*El PEC es una herramienta de planificación educativa que nos permite alcanzar la cohesión del equipo docente, ya que requiere reflexionar y consensuar todos aquellos acuerdos necesarios que nos permitan proyectar los principios y valores que nos dan identidad como centro educativo a través de nuestra línea pedagógica.*

*La participación de todos los docentes del centro en el diseño conjunto del PEC es una oportunidad para conversar sobre qué modelo de ciudadanía queremos desarrollar en nuestro centro (identidad), al amparo de los diferentes marcos legislativos nacional y autonómico, y definir una línea estratégica para conseguirlo.*

## 0.3. Una cuestión pragmática

A efectos prácticos, más allá de las cuestiones semánticas, cada área, materia, ámbito o módulo profesional requiere contar con una programación didáctica. Este documento estructura y ordena todas las acciones de enseñanza previstas en el PEC para el curso escolar y las adapta a la realidad del aula.

En definitiva, la elaboración de una programación didáctica es un requisito legal y administrativo para todo el profesorado.

Sin embargo, además de una obligación, la programación didáctica es una herramienta necesaria que facilita la función docente. De hecho, la planificación y la programación son inherentes a cualquier trabajo, de forma que cualquier profesional, incluso aunque no sea consciente, programa, en mayor o menor medida, lo que quiere realizar.

En resumen, el profesorado también debe y necesita planificar y programar su actividad, de forma que la planificación y programación son tareas imprescindibles. Esto es cierto no solo para cumplir con las estipulaciones de instancias superiores, sino también para adaptar la enseñanza al alumnado y a su entorno. Esta reflexión previa permite alejarse del intuicionismo y aporta solidez a la labor docente.

## Reflexión

Hay personas que antes de ir a hacer la compra semanal de la comida de casa, planifican lo que comerán la próxima semana, comprueban lo que tienen en la despensa y en la nevera y en base a estos datos, realizan un listado de las cosas que deberán comprar. Hay otras personas que directamente van al supermercado y compran lo que consideran más oportuno.

¿Qué tipo de persona piensas que realizará una compra más efectiva?

Pensamos que no todo debe planificarse, incluso la compra es un aspecto que puede o no planificarse, esto dependerá de cada persona. Ahora bien, el ejemplo que hemos puesto es un caso extremo a partir del cual es posible reflexionar sobre la importancia de la programación didáctica.

El trabajo del profesorado es muy importante, pues la educación del alumnado durante todo un curso depende en gran parte de él. Desde este punto de vista no es posible dejar de lado una planificación mínima, pues de lo contrario difícilmente podrán conseguirse los objetivos pedagógicos asociados al área, materia, ámbito o módulo profesional. Es necesario saber lo que se ha de hacer y cómo hacerlo, pero también es necesario que el alumnado sepa cómo será evaluado y cuál será la metodología docente que se utilizará a lo largo del proceso de enseñanza y aprendizaje.

## 0.4. **Una cuestión flexible**

Partiendo de que algún grado de planificación es necesaria en el aula, procede valorar hasta dónde es preciso llegar, es decir, qué nivel de detalle es recomendable y con qué margen de maniobra se puede trabajar.

Por ejemplo, cuando alguien dice que planifica la semana, normalmente significa que llena el horario semanal con buenas intenciones sobre cuándo cree, quiere o le gustaría completar una serie de tareas. Ahora bien, son pocas las ocasiones o poco el tiempo que se dedica a pensar:

- Qué objetivos operativos se necesitan alcanzar.
- Qué debe hacerse en concreto y qué podría evitarse.
- Qué medios se necesitan para poder lograr lo que debe hacerse.
- Cómo podría mejorarse lo que se hace.

Es normal y comprensible que esto sea así, ya que llenar la agenda de deseos es mucho más sencillo que dedicarse a pensar en la planificación y aportar valor real al trabajo que se realiza.

En el caso particular del profesorado, la realidad del aula (en particular, la diversidad de alumnado) y el compromiso con la educación inclusiva obliga a dar respuesta a una elevada cantidad de imprevistos. Si realmente se aspira a desarrollar una tarea efectiva en el aula y a dar respuesta a la diversidad del alumnado, es imprescindible reconducir la tendencia natural a tomar decisiones de forma improvisada, y en su lugar hacerlo de tal manera que aporten valor real y no sean una pérdida de tiempo y una fuente de frustración.

Se planifica cuando se decide qué se necesita hacer en concreto para que algo avance, qué puede quedarse sin hacer o hacerse en otro momento, o qué se necesita para poder hacer algo en concreto. Estas decisiones sí que suponen un avance real de cara al qué se tiene que hacer y lo que se quiere conseguir y, lo mejor de todo, son decisiones que sí están bajo el control del profesorado. Dicho de otra forma, decidir «qué» hay que hacer y «cómo» hacerlo es tomar decisiones íntegras y coherentes.

Sin embargo, este control del profesorado es limitado. De forma coloquial, podría decirse que al futuro le dan igual los planes. Por eso el profesorado ha de ser consciente y abandonar el paradigma de «el futuro será como yo quiera que sea» para asentarse en el paradigma de «el futuro será como le dé la gana ser». Una vez se interioriza este nuevo modelo, el cambio de actitud tendrá mucho más sentido y será más fácil hacer frente a las necesidades reales del alumnado.

En definitiva, planificar y programar es un trabajo de tipo heurístico y esto conlleva, entre otras cosas, que el futuro es incierto y la información disponible no es completa. Por esta sencilla razón, cualquier programación ha de incorporar cierto grado de flexibilidad, es decir, debe ser adaptativa. Esto significa que se trabaja con prototipos que hay que revisar y actualizar con frecuencia, adaptándolos de forma iterativa en función de las nuevas informaciones disponibles. Una buena programación debe estar siempre abierta a cambiar en la medida en que la realidad cambia, para adaptarse a ella. Confundir los planes o programaciones con la realidad o, peor aún, pretender que la realidad se adapte a ellos, es un error que debe evitarse.

El Real Decreto 157/2022, de 1 de marzo, por el que se establecen la ordenación y las enseñanzas mínimas de la Educación Primaria, también recalca este hecho afirmando que «corresponde a las administraciones educativas contribuir al desarrollo del currículo favoreciendo la elaboración de modelos abiertos de programación docente y de materiales didácticos que atiendan a las distintas necesidades de los alumnos y alumnas y del profesorado». Esto resalta especialmente lo que se viene afirmando en este apartado.

La programación didáctica es un documento anual que además de ser riguroso en cuanto a su diseño, también debe ser abierto, flexible y adaptable al alumnado, a los imprevistos y al contexto. Es un documento que, conforme se avanza en el proceso de enseñanza y aprendizaje, requerirá de concreción y adaptación a la evolución del alumnado. Esta concreción debe realizarse en ciclos temporales de menor duración (semanal o quincenal) y la herramienta para hacerlo es la programación de aula, que será un documento de mayor concreción y que ayudará a realizar un seguimiento más exhaustivo de la programación didáctica.

**Diagrama 0.2. Programación didáctica[10] y programación de aula**

| PROGRAMACIÓN DIDÁCTICA (Marco de ciclo) | PROGRAMACIÓN DE AULA (Marco docente) |
|---|---|
| Ordena las acciones de enseñanza para ejecutar el PEC en un área, materia, ámbito o módulo profesional de forma anual. | Documento de marco docente que concreta y adapta la programación didáctica a las necesidades del alumnado de forma operativa (semanal o quincenal). |

---

10  Dependiendo del marco autonómico al que se haga referencia, el término «Programación didáctica» puede variar; también se usan los términos «concreción curricular» y «propuesta pedagógica».

### Reflexión

*En resumen, la programación didáctica ordena las acciones de enseñanza para ejecutar el PEC en un área, materia, ámbito o módulo profesional de forma anual, y la programación de aula concreta y adapta estas acciones a las necesidades del alumnado de forma operativa (semanal o quincenal).*

*Una programación didáctica abierta, flexible y adaptativa para todo un curso escolar no puede concretarse al por menor. Debe ser un documento que marque líneas de trabajo, un mapa que indique el camino a seguir. Ahora bien, hay que ser consciente de que al recorrer este camino aparecerán ciertos imprevistos: piedras, barrancos o ríos que hay que bordear, el propio cansancio del caminante, etc. Para dar respuesta a todos estos necesariamente se necesita una programación didáctica lo suficientemente amplia y abierta que permita concretarse en plazos de tiempo más breves, a través de la programación de aula.*

*Supongamos un centro educativo con dos líneas por curso (grupo A y grupo B). En este caso, la programación didáctica debe asegurar la coherencia entre el grupo A y el grupo B, pero debe ser suficientemente abierta para que el maestro o maestra de cada grupo pueda adaptarla al alumnado de su grupo. Es decir, se trata de establecer un marco de referencia común que pueda aplicarse a todos los grupos de un curso o ciclo, pero que a la vez permita adecuarse, a través de la programación de aula, a la idiosincrasia de cada grupo.*

## 0.5. Apartados de la programación didáctica

La capacidad de adaptación que se espera de una programación didáctica implica que no puede ser un mero documento burocrático, en el que se copian y pegan los contenidos del currículo y luego se secuencia por trimestres. La programación didáctica debe incluir lo que se ha de enseñar y aprender en el aula y además establecer orientaciones respecto al qué, cómo y cuándo debe hacerse. Puesto que la evaluación debe entenderse como una parte más del proceso de enseñanza y aprendizaje, también ha de estar incluida como un elemento más de la programación.

En líneas generales, el diseño de la programación didáctica requiere tener en cuenta varios elementos: marco normativo, resultados de evaluaciones anteriores, tipo de alumnado, etc. El punto de partida imprescindible y que *a priori* facilita un referente fruto de un consenso democrático, es la legislación (*currículo prescrito*). Las disposiciones reglamentarias de las diferentes comunidades autónomas concretan, en mayor o menor medida, los elementos mínimos de las programaciones didácticas. A su vez, estas concreciones pueden llegar a realizarse de manera anual a través de instrucciones de organización y funcionamiento[11].

El marco legislativo en el momento de la redacción de este libro resalta, entre otros aspectos de carácter transversal, la necesidad del cumplimiento efectivo de los derechos de la infancia, la inclusión educativa, la aplicación de los principios del Diseño Universal de Aprendizaje (DUA) y el desarrollo de las competencias.

Introduce nuevos términos como: perfil de salida, descriptores operativos, competencias específicas, saberes básicos (SSBB) y situaciones de aprendizaje (SSAA).

El libro desarrollará paso a paso y en el momento oportuno cada uno de estos términos, siempre desde un enfoque flexible, inclusivo y equilibrado entre lo competencial y lo cultural.

### Reflexión

*¿Se ha de seguir al pie de la letra la propuesta de elementos mínimos de una programación didáctica? ¿Debemos respetar los nombres y el orden que nos proponen las distintas disposiciones reglamentarias?*

*Salvo que se indique expresamente lo contrario, los elementos mínimos de una programación didáctica deben incluirse en el documento final, pero, a nuestro parecer, no es necesario que respeten al pie de la letra el mismo nombre y orden indicados en una u otra disposición reglamentaria. En cualquier caso, lo importante no es el continente, sino el contenido.*

---

11  Para conocer el contenido mínimo propuesto como puntos de la programación didáctica, a título de ejemplo, en el anexo B se incluyen cuatro estructuras distintas: Comunidad Valenciana, Galicia, Aragón y Cantabria.

En este libro se propone la siguiente estructura de apartados para una programación didáctica:

1. **Introducción.**
2. **Contextualización.**
3. **Objetivos.**
4. **Perfil de salida y competencias clave.**
5. **Competencias específicas y situaciones de aprendizaje.**
6. **Orientaciones metodológicas.**
7. **Inclusión educativa del alumnado con Necesidades Específicas de Apoyo Educativo (NEAE).**
8. **Evaluación del y para el aprendizaje.**
9. **Evaluación de la enseñanza y de la práctica docente.**
10. **Actividades complementarias.**

La estructura del libro se basa precisamente en esta propuesta. Cada uno de los apartados de la programación didáctica se desarrolla en un capítulo independiente. Además se incluyen anexos que definen conceptos relacionados con la programación didáctica, así como ejemplos de desarrollo. Estos anexos hacen referencia a la legislación que, si bien en el momento de publicación del libro está actualizada, puede que ya no lo esté en el momento de su lectura. Precisamente por esto se incluyen en los anexos y no en los capítulos del libro.

# Capítulo I.

# Introducción

> **«El educador es el hombre que hace**
> **que las cosas difíciles parezcan fáciles»**
>
> Ralph Waldo Emerson (1803-1882)

En este primer apartado de la programación didáctica se ha de indicar cuál es la finalidad que justifica el documento y cuál es el marco normativo en el que se encuadra la programación. Pero antes de todo esto, procede introducir cuál es el área, materia o ámbito objeto de la programación didáctica, ya que esta es la diferencia clave entre las distintas programaciones que forman parte del PEC de un centro educativo, y por ello ofrece un punto de partida ideal para el capítulo inicial del texto.

Por tanto, es recomendable diferenciar los siguientes apartados:
1. Descripción del área o ámbito[12].
2. Justificación de la programación didáctica.
3. Marco normativo.

Se trata de realizar una introducción breve, clara y precisa, que incluya la descripción de las características fundamentales del área, materia o ámbito, explique por qué programar y establezca la conexión del documento con la normativa vigente.

---

12   Se entiende por ámbito una agrupación de áreas.

# **I.I.** Descripción del área o ámbito

La introducción comienza con una descripción esencial. Es muy recomendable utilizar como referente el texto descriptivo que precede a cada una de las áreas o ámbitos en la legislación de carácter básico que la presenta[13]. De esta norma pueden extraerse varios párrafos que explican lo importante que es para la sociedad actual, y que sirven de base idónea para la introducción de la programación.

Sobre esta base se ha de elaborar un breve texto que sintetice la contribución del área, materia o ámbito a la formación del alumnado, es decir, que exponga brevemente qué conocimientos y habilidades aporta, cómo se plantea la transmisión del conocimiento y cómo se estructuran sus saberes básicos.

Se ofrecen a continuación dos ejemplos ilustrativos:

 EJEMPLO I.I.

## Comunicación y representación de la realidad
## (Educación Infantil)

Parte del texto introductorio que presenta esta materia en el Real Decreto 95/2022, de 1 de febrero, por el que se establece la ordenación y las enseñanzas mínimas de la Educación Infantil, que es el siguiente:

> *Área 3. Comunicación y Representación de la Realidad*
>
> Los diferentes lenguajes y formas de expresión que se recogen en esta área contribuyen al desarrollo integral y armónico de niños y niñas, y deben abordarse de manera global e integrada con las otras dos áreas, mediante el diseño de situaciones de aprendizaje en las que puedan utilizar diferentes formas de comunicación y representación en contextos significativos y funcionales. Se pretende desarrollar en niños y niñas las capacidades que les permitan comunicarse a través de diferentes lenguajes y formas de expresión como medio para construir su identidad, representar la realidad y relacionarse con las demás personas.
>
> Las competencias específicas del área se relacionan con la capacidad de comunicarse eficazmente con otras personas de manera respetuosa, ética, adecuada y creativa. Por un lado, se aborda una perspectiva comunicativa y, por el otro, se persigue un enfoque interactivo en un contexto plurilingüe e intercultural. Las competencias específicas en torno a las que se organizan los aprendizajes del área están orientadas hacia tres aspectos fundamentales de la comunicación: la expresión, la comprensión y la interacción para visibilizar las posibilidades comunicativas de los diferentes lenguajes y formas de expresión, aunque se concede un carácter prioritario al proceso de adquisición del lenguaje verbal. Por otra parte, la comunicación permite interpretar y representar el mundo en el que vivimos. Por ello, se incluye también una competencia específica relacionada con el acercamiento a las

---

13  Real Decreto 95/2022, de 1 de febrero, por el que se establece la ordenación y las enseñanzas mínimas de la Educación Infantil. Real Decreto 157/2022, de 1 de marzo, por el que se establecen la ordenación y las enseñanzas mínimas de la Educación Primaria.

*Área 3. Comunicación y Representación de la Realidad*

Los diferentes lenguajes y formas de expresión que se recogen en esta área contribuyen al desarrollo integral y armónico de niños y niñas, y deben abordarse de manera global e integrada con las otras dos áreas, mediante el diseño de situaciones de aprendizaje en las que puedan utilizar diferentes formas de comunicación y representación en contextos significativos y funcionales. Se pretende desarrollar en niños y niñas las capacidades que les permitan comunicarse a través de diferentes lenguajes y formas de expresión como medio para construir su identidad, representar la realidad y relacionarse con las demás personas.

Las competencias específicas del área se relacionan con la capacidad de comunicarse eficazmente con otras personas de manera respetuosa, ética, adecuada y creativa. Por un lado, se aborda una perspectiva comunicativa y, por el otro, se persigue un enfoque interactivo en un contexto plurilingüe e intercultural. Las competencias específicas en torno a las que se organizan los aprendizajes del área están orientadas hacia tres aspectos fundamentales de la comunicación: la expresión, la comprensión y la interacción para visibilizar las posibilidades comunicativas de los diferentes lenguajes y formas de expresión, aunque se concede un carácter prioritario al proceso de adquisición del lenguaje verbal. Por otra parte, la comunicación permite interpretar y representar el mundo en el que vivimos. Por ello, se incluye también una competencia específica relacionada con el acercamiento a las

**La adaptación para la programación didáctica podría ser la siguiente:**

Los niños y las niñas de edades tempranas se encuentran en una etapa de su vida en la que van comprendiendo de alguna manera el mundo que les rodea. Uno de los principales medios que contribuye a esta tarea son los diferentes modos de comunicación y representación: cuentos, canciones, películas, obras de teatro, debates, exposiciones, asambleas... Estos les ayudan a codificar la realidad y a aprender diferentes tipos de patrones en los que reproducir esta. Es de vital importancia que el alumnado aprenda a acceder a diferentes tipos de información y diferentes modelos de representación, ya que estos van a guiarlos en el descubrimiento y la aproximación a la cultura.

A través de este área también se contribuye al desarrollo y crecimiento de todo el alumnado porque se les enseña a comprender la compleja realidad en la que viven, a conocer otras culturas y a respetar y valorar las diferencias, dándoles la oportunidad de desarrollar la empatía hacia los demás. En definitiva, gracias a estos diferentes modelos pueden adquirir ciertos tipos de valores y se les introduce en el desarrollo de las emociones.

Por último, se ha de destacar la importancia del trabajo que se realiza con los diferentes modelos de comunicación y representación, como un vehículo de interacción social que permite conocernos en primera instancia y establecer un mundo de relaciones en el que vamos a aprender a convivir con nuestro entorno más cercano.

Este área, junto con «Crecimiento en Armonía» y «Descubrimiento y Exploración del Entorno», se entenderán como áreas de experiencia relacionadas entre sí y, por lo tanto, requerirán un planteamiento pedagógico que promueva el diseño de situaciones de aprendizaje globales que ayuden a establecer relaciones entre estas áreas de conocimiento.

El área se organiza en varios bloques de saberes básicos interrelacionados:

1. Intención y elementos de la interacción comunicativa.
2. Las lenguas y sus hablantes.
3. Comunicación verbal oral: expresión, comprensión, diálogo.
4. Aproximación al lenguaje escrito.
5. Aproximación a la educación literaria.
6. El lenguaje y la expresión musicales.
7. El lenguaje y la expresión plásticos y visuales.
8. El lenguaje y la expresión corporales.

Cada uno de estos bloques está relacionado con una o varias de las competencias específicas que se abordarán más adelante.

 **EJEMPLO I.2.**

## Matemáticas (Educación Primaria)

Parte del texto introductorio que presenta esta materia en el Real Decreto 157/2022, de 1 de marzo, por el que se establecen la ordenación y las enseñanzas mínimas de la Educación Primaria, que es el siguiente:

---

*Matemáticas*

Las matemáticas, presentes en casi cualquier actividad humana, tienen un marcado carácter instrumental que las vincula con la mayoría de las áreas de conocimiento: las ciencias de la naturaleza, la ingeniería, la tecnología, las ciencias sociales e incluso el arte o la música. Además, poseen un valor propio, constituyen un conjunto de ideas y formas de actuar que permiten conocer y estructurar la realidad, analizarla y obtener información nueva y conclusiones que inicialmente no estaban explícitas. Las matemáticas integran características como el dominio del espacio, el tiempo, la proporción, la optimización de recursos, el análisis de la incertidumbre o el manejo de la tecnología digital; y promueven el razonamiento, la argumentación, la comunicación, la perseverancia, la toma de decisiones o la creatividad. Por otra parte, en el momento actual, cobran especial interés los elementos relacionados con el manejo de datos e información y el pensamiento computacional, que proporcionan instrumentos eficaces para afrontar el nuevo escenario que plantean los retos y desafíos del siglo XXI. En este sentido, las matemáticas desempeñan un papel esencial ante los actuales desafíos sociales y medioambientales a los que el alumnado tendrá que enfrentarse en su futuro, como instrumento para analizar y comprender mejor el entorno cercano y global, los problemas sociales, económicos, científicos y ambientales y para evaluar modos de solución viables, contribuyendo de forma directa a los Objetivos de Desarrollo Sostenible planteados por las Naciones Unidas.

**La adaptación para la programación didáctica podría ser la siguiente:**

Las matemáticas son fundamentales para el desarrollo intelectual de todo el alumnado. Les ayuda al desarrollo de la lógica, al razonamiento ordenado y a tener la mente preparada para el pensamiento, la crítica y la abstracción. Además, cabe destacar su contribución al adquisición del método científico como una herramienta indispensable para el tratamiento de diferentes tipos de datos.

Son algunos ejemplos de la contribución de este área de conocimiento en nuestra vida diaria las operaciones *online*, las comunicaciones por telefonía móvil, las diferentes situaciones de cálculo como las propias en un supermercado, la predicción del tiempo, las nuevas tecnologías, la arquitectura, el desarrollo de diferentes tipos de proyectos, incluso el arte.

En definitiva, puede afirmarse que las matemáticas contribuyen a configurar actitudes y valores en el alumnado que garantizan solidez en sus fundamentos, seguridad en diferentes tipos de procedimientos científicos y confianza en los resultados obtenidos a través de distintas clases de investigaciones realizadas, con el objetivo de crear en los niños y niñas una disposición consciente y favorable para emprender las acciones que les ayudarán a resolver problemas que podrían surgir en su vida diaria.

La materia se organiza en varios bloques interrelacionados de saberes básicos:

1. Sentido numérico.
2. Sentido de la medida.
3. Sentido espacial.
4. Sentido algebraico.
5. Sentido estocástico.
6. Sentido socioafectivo.

Cada uno de estos bloques está relacionado con una o varias de las competencias específicas que se abordarán más adelante.

## Reflexión

*Dado que el objetivo fundamental de este primer apartado es abrir las puertas de la materia o ámbito al alumnado, a sus familias e incluso a cualquier persona no especialista (profesorado de otra especialidad, inspección educativa, Administración educativa, etc.), recomendamos que este texto introductorio sea sucinto y sintético, y que no exceda una página de extensión.*

## 1.2. Justificación de la programación didáctica

La justificación de la programación didáctica podría ser un apartado genérico para todas las programaciones didácticas del centro educativo. Se trata de explicar qué es la programación didáctica (concepto) y por qué es necesario este documento de planificación educativa (necesidad).

Como se adelantó en el preámbulo, la programación didáctica es un instrumento de planificación curricular específico para la materia o ámbito. Corresponde al profesorado la adecuación de esta a las características específicas del alumnado y por ello la programación es un documento base que debe adaptarse a través de lo que se conoce como programación de aula.

Todas las materias o ámbitos requieren una programación didáctica que estructure y ordene las acciones de enseñanza previstas para el curso escolar, y que las adapte a la realidad del aula. Se parte, por tanto, de una exigencia legal que se detalla más adelante en este mismo capítulo (el marco normativo). Así, la legislación señala la función que ha de cumplir la programación.

No obstante, para justificar la programación didáctica no basta con mencionar la obligación legal. También se ha de señalar que se trata de una herramienta necesaria para organizar la enseñanza, para dotar de seguridad a la práctica docente y para que esta tenga éxito. Esto se ha de relacionar en la programación con la descripción del área o ámbito que encabeza el capítulo: la importancia de esta para la sociedad justifica la necesidad de programar su enseñanza.

La programación didáctica es, además, fundamental para el alumnado, puesto que se trata del plan de acción que detalla cómo desarrollarán sus competencias, cómo adquirirán las habilidades y los conocimientos necesarios para dar solución a problemas cotidianos y a las preguntas que se hacen y que se harán en el futuro, y por supuesto prepararlos para su incorporación como miembros activos de la sociedad y para su participación en la convivencia democrática.

## Reflexión

Aunque es necesario definir el concepto de «programación didáctica», la justificación de la programación no es obligatoria para el profesorado y por ello podría simplemente reducirse a un apartado externo al propio documento. De hecho, a nuestro parecer, la justificación de la programación didáctica debería incluirse en el apartado «concreción curricular».

La concreción curricular, como se indica en el anexo A, es el apartado de carácter más pedagógico del PEC. Aquellos aspectos que afectan por igual a todas las materias de un centro educativo deberían incluirse en esta concreción curricular para evitar repetir lo mismo en cada una de las programaciones didácticas de cada materia o ámbito.

No obstante, en el caso de que no se incluya en la concreción curricular, sí debería contemplarse en la programación didáctica.

## 1.3. Marco normativo

Se entiende por marco normativo el conjunto de leyes que regulan el funcionamiento de la Educación Infantil y Primaria. Esta normativa se organiza en diferentes niveles de concreción curricular, como se ha mostrado en el diagrama 0.1, en el que aparecen mencionados de la siguiente manera:

1. Marco nacional.
2. Marco autonómico.
3. Marco de centro.

El marco nacional establece los aspectos básicos y los elementos mínimos, e incluye desde la Ley Orgánica que regula las enseñanzas del sistema educativo español (principios generales, objetivos, organización...) hasta los reales decretos que establecen la ordenación general y las enseñanzas mínimas. Aunque este marco se desarrolla en base a estos reales decretos, también existen órdenes ministeriales.

En el marco autonómico, las Administraciones educativas de las comunidades autónomas establecen el currículo de las distintas enseñanzas, del que formarán parte los aspectos básicos definidos en el marco nacional. Este marco se desarrolla en base a decretos, órdenes y resoluciones.

En el marco de centro, se desarrolla y completa, en su caso, el currículo de las diferentes etapas y ciclos en el uso de su autonomía. Este marco se expone en el PEC y en todos los planes y programas que en él se incluyen. Entre estos, el documento «concreción curricular» resulta especialmente relevante y es de aplicación directa para el diseño de la programación didáctica (véanse anexos A y B).

### Reflexión

*Este apartado aportará fundamento legal a la programación didáctica, que como documento curricular operativo, debe ser coherente y adecuado a la legislación. Por tanto, conocer y enumerar la legislación que fundamenta las prácticas y decisiones del proceso de enseñanza y aprendizaje es una necesidad.*

*Desde nuestro punto de vista no es necesario enumerar toda la legislación, pero sí aquella que tiene una relación directa con el proceso de enseñanza y aprendizaje.*

*En el anexo C se proponen dos posibles estructuras de marco normativo.*

# Capítulo II.

# Contextualización

> **«El que abre la puerta de una escuela, cierra una prisión»**
> Victor Hugo (1802-1885)

En este segundo apartado de la programación didáctica se han de detallar las características del entorno en el que se pondrá en práctica la docencia: es lo que se entiende por «contexto». Las circunstancias de la práctica docente pueden ser muy diversas. La misma área o ámbito, con los mismos saberes básicos y los mismos criterios de evaluación, puede impartirse en centros con peculiaridades muy distintas. El número del alumnado por aula, el nivel socioeconómico de las familias, la situación geográfica del centro educativo, su tamaño, los recursos materiales, los recursos humanos, la implicación familiar, el clima del hogar… pueden ser elementos que contribuyan en mayor o menor medida al buen desarrollo de todo el alumnado.

Además, se ha de tener en cuenta la diversidad del alumnado para poder dar una respuesta individualizada a sus necesidades educativas. Se espera del profesorado que identifique estas características específicas para garantizar la igualdad de oportunidades y lograr todo su desarrollo potencial, es decir, para lograr la inclusión de todo el alumnado. Se trata de establecer estrategias para intentar conseguir la equidad educativa.

Un análisis completo del contexto incluye tanto la descripción del entorno en el que se encuentra el instituto y las características del propio centro educativo (análisis externo) como la idiosincrasia del alumnado del grupo-clase (análisis interno). De esta forma se dota a la programación didáctica de un contexto completo que es precisamente lo que permite dar una adecuada respuesta educativa.

En este apartado debe incluirse:
1. El análisis del contexto externo.
2. El análisis del contexto interno.

## 2.1. Análisis externo

El análisis del contexto externo comienza por definir la localidad (si se trata de un municipio pequeño o un entorno rural), distrito o barrio (en el caso de una ciudad) en el que se ubica el centro. En esta primera sección se ha de indicar si el centro está situado en un entorno rural o urbano, el número de habitantes y el sector económico predominante (la industria, el comercio, el turismo, la agricultura, etc.), así como algunos indicadores macroeconómicos, microeconómicos, demográficos, etc. que puedan resultar esenciales para describir el contexto (índices de población activa, renta per cápita, datos de inmigración, formación media según el Marco Europeo de Cualificaciones[14], etc.). Esta información es importante porque determina el contexto en el que vive el alumnado e influye en sus referencias vitales, aspiraciones y motivaciones.

Posteriormente se procederá a la identificación de las características del entorno social y cultural del centro, que pueden encontrarse en el PEC y será la base para el análisis de este apartado, ya que permite identificar los ítems que influyen en la materia o ámbito objeto de la programación didáctica. No se trata de reproducir de manera literal la información presente en el PEC, sino de extraer la información relevante para identificar las fortalezas, debilidades, amenazas y oportunidades que influyen en el proceso de enseñanza y aprendizaje de la materia o ámbito. Es decir, reflexionar sobre la influencia que tiene el contexto[15].

---

14  El Marco Europeo de Cualificaciones (MEC) es un sistema de ocho niveles para todo tipo de titulaciones que está basado en los resultados de aprendizaje y sirve como instrumento de conversión entre los diferentes marcos nacionales de cualificaciones (https://europa.eu/europass/es/herramientas-de-europass/el-marco-europeo-de-cualificaciones).

15  Una herramienta que nos puede ayudar a evaluar el impacto del contexto puede ser el DAFO (https://dafo.ipyme.org/Home). Aun así se puede utilizar cualquier herramienta que se considere para ayudar a extraer todas aquellas evidencias que nos van a posibilitar un mejor análisis del contexto.

Se ofrecen a continuación dos ejemplos ilustrativos:

     EJEMPLO 2.1.

## Análisis externo para una programación didáctica de la materia de Música de 3.º de Primaria

En el PEC del CEIP «AAA» se enumeran las características del entorno social y cultural. Si se relacionan estas características con la materia de Música de 3.º de Educación Primaria se pueden identificar las siguientes cuestiones:

- El centro está ubicado en un barrio cuya población pertenece en su mayoría a un estrato socioeconómico medio-bajo y un nivel de formación promedio equivalente a la Educación Secundaria Obligatoria. Además, la ausencia de instalaciones municipales en el barrio dificulta el acceso a espectáculos de calidad musical contrastada fuera del centro educativo. Debido a la poca relación del alumnado con la música clásica, el área ha de facilitar el contacto con esta partiendo de las diferentes referencias musicales del alumnado y de una manera progresiva, de forma que se establezcan nexos de unión entre la cultura musical ya adquirida y los objetivos que se pretenden alcanzar.

- El centro educativo está formado por un 20% de población migrante, procedente de diferentes países de Sudamérica (Colombia, Ecuador, Bolivia…) y otro 15%, aproximadamente, con origen en el este de Europa (Rumania y Bulgaria principalmente), además de la población autóctona del barrio. Este hecho va a posibilitar el contacto con diferentes referencias musicales de distintos países pueden mejorar considerablemente la cultura musical del centro y las familias a través de las diferentes actuaciones que tengan lugar en el propio centro educativo en los diferentes festivales programados a lo largo del presente curso.

 **EJEMPLO 2.2.**

## Análisis externo para una programación didáctica del área Descubrimiento y exploración del entorno del segundo ciclo de Educación Infantil

En el PEC del CEIP «BBB» se enumeran las características del entorno social y cultural. Si se relacionan estas características con el área Descubrimiento y Exploración del entorno se pueden identificar las siguientes cuestiones:

- El centro está ubicado en un entorno natural cercano a la alta montaña. Este hecho nos da la posibilidad de conocer la flora y la fauna más típica de este entorno natural, así como las normas básicas para su cuidado y mantenimiento de forma sostenible.
- Dentro de las familias que forman parte del centro educativo hay varias cuya vida profesional está dedicada a este entorno natural; tal es el caso de guardas forestales, guías de montaña… Esta circunstancia ayudará a tener un mejor acceso a los diferentes parques naturales cercanos al centro para entrar en contacto con la naturaleza y contar con una orientación más precisa en cuanto al conocimiento que de este entorno puede adquirir el alumnado.

### Reflexión

*Proponemos elaborar el análisis externo de manera que facilite las claves para dar contexto a las actividades, las tareas y los proyectos del área o ámbito, de forma que estos sean significativos para el alumnado y se puedan aprovechar los recursos materiales e inmateriales que el contexto pone al alcance del profesorado. En definitiva, se trata de utilizar todo aquello que el contexto nos ofrece para construir el currículo dentro del aula, partiendo de los elementos mínimos establecidos.*

## 2.2. Análisis interno

El contexto del centro es muy importante porque crea realidades distintas según cada centro educativo. Las características del instituto, tales como tamaño, enseñanzas que se imparten, recursos con los que se cuenta, programas a los que pertenece, etc. deben quedar reflejados en el PEC. Se propone hacer mención a estas características de forma transversal y en el apartado en que proceda: situaciones de aprendizaje, orientaciones metodológicas, evaluación del y para el aprendizaje, etc.

Por tanto, se sugiere no dedicar un apartado exclusivo de la programación didáctica a las características internas del centro educativo, pues se entiende que todos ellos deberían contar con los recursos y espacios necesarios para desarrollar el proceso de enseñanza y aprendizaje con el mínimo de calidad esperado.

En este sentido, se propone centrar el análisis del contexto interno en el alumnado, ya que este es la piedra angular del proceso de enseñanza y aprendizaje. Por tanto, el diseño de la programación didáctica debe tomar como punto de partida la idiosincrasia de los principales protagonistas: las alumnas y los alumnos.

El objetivo es identificar todas aquellas cuestiones que van a influir en la programación didáctica, las posibles barreras para el aprendizaje, costumbres, relaciones, procedencias, etc. No se trata de realizar un análisis pormenorizado, sino más bien de tener una visión general de los distintos grupos.

Si se toma como referencia la información de la que dispone el profesorado, es posible tomar una «radiografía» de cada grupo-clase. Esta información puede proceder de los distintos historiales académicos, del plan de transición entre etapas, de los potenciales análisis globales del departamento de orientación y de la evaluación inicial, sea esta cuantitativa o cualitativa.

Este análisis puede plasmarse en la programación didáctica de formas diversas, en función de la concreción curricular de cada centro educativo. Por ejemplo, podría realizarse una valoración global de todo el alumnado de un mismo curso y posteriormente un análisis más detallado en las programaciones de aula de cada uno de los grupos. Otra posibilidad sería realizar un análisis diferenciado por grupos en el que cada uno se describe con un apartado o párrafo diferenciado en el que se identifican los rasgos más importantes.

En relación a la inclusión de datos de carácter personal, es decir, cualquier tipo de información que pueda utilizarse para identificar a una persona en concreto, se ha de recabar y utilizar sólo aquellos datos que sean pertinentes. Se sigue así lo estipulado en el artículo 5 del Reglamento (UE) 2016/679 del Parlamento Europeo y del Consejo de 27 de abril de 2016 (RGPD). Este artículo indica que solo se han de recoger y utilizar los datos personales que sean estrictamente necesarios para la finalidad perseguida en cada caso. Por tanto, puesto que no son imprescindibles en la programación didáctica, no procede incluir ningún dato de carácter personal en el análisis y menos aún, datos considerados como especialmente sensibles, como por ejemplo los de carácter médico.

Además, se ha de evitar el uso de etiquetas, tengan connotación positiva o negativa, ya que se incurre en el riesgo de condicionar al lector y por tanto crear una percepción del alumnado que puede afectar al concepto que tienen de sí mismos y a su desempeño como estudiantes.

Se ofrecen a continuación dos ejemplos ilustrativos:

 EJEMPLO 2.3.

## Análisis interno global para una programación didáctica de la materia de Inglés de I.ᵉʳ ciclo de Educación Primaria

En el CEIP «CCC» hay cuatro grupos de Inglés en 1.ᵉʳ ciclo de Educación Primaria. En base a la información de los distintos historiales académicos, los informes individualizados del alumnado, de la evaluación competencial inicial y el sociograma facilitado por la orientadora, se deducen los siguientes datos, que se presentan de forma global:

- 49 niñas y 44 niños.
- Tres niños que no promocionaron.
- Debido a su procedencia contamos con un número importante de familias que utilizan en sus hogares la lengua inglesa en su comunicación diaria.
- Una niña con problemas auditivos (utiliza audífono).
- Un niño con un informe sociopsicopedagógico actualizado que indica que requiere medidas específicas para facilitar su aprendizaje.
- Según la evaluación inicial realizada, el nivel medio de la competencia lingüística en inglés se estima en 3 sobre una escala de 1 a 4.

Un análisis más detallado de la composición y las características de cada grupo se incluye en las programaciones de aula de cada uno de ellos.

El desarrollo operativo se abordará en los apartados de «Orientaciones metodológicas», «Inclusión educativa del alumnado con NEAE» y «Evaluación del y para el aprendizaje».

 EJEMPLO 2.4.

## Análisis interno diferenciado por grupos para una programación didáctica del área de Crecimiento en Armonía de 2.º ciclo de Educación Infantil

En el CEIP «DDD» hay tres grupos del área de Crecimiento en Armonía de 2.º ciclo de Educación infantil. En base a la información de los distintos historiales académicos, los informes individualizados del alumnado, de la evaluación competencial inicial y el sociograma facilitado por el orientador, se deducen los siguientes datos:

Grupo A (3 años):

- 13 niñas y 10 niños.
- Una niña con limitaciones motoras.
- No se evidencia ningún problema de socialización ni conflictos entre el alumnado del grupo-clase.
- Según la evaluación inicial realizada el nivel medio de competencia en el área se estima en 2 sobre una escala de 1 a 4.

Grupo B (4 años):

- 9 niñas y 12 niños.
- Un niño con problemas familiares.
- Dos niños migrantes sin escolarización previa.
- Tres niñas con problemas de conducta.
- Según la evaluación inicial realizada el nivel medio de competencia en el área se estima en 1 sobre una escala de 1 a 4.
- Es probable que aparezcan situaciones problemáticas de socialización y conflictos asociados a percepciones personales relacionadas con las minorías étnicas.

Grupo C (5 años):

- 11 niñas y 14 niños.
- Un niño con síndrome de Down.
- Tres niñas migrantes (uno de Albania y dos de Bulgaria) sin la competencia lingüística adquirida.
- Según la evaluación inicial realizada el nivel medio de competencia en el área se estima en 2 sobre una escala de 1 a 4.

Un análisis más detallado de la composición y las características de cada grupo se incluye en las programaciones de aula de cada uno de ellos.

El desarrollo operativo se abordará en los apartados de «Orientaciones metodológicas», «Inclusión educativa del alumnado con NEAE» y «Evaluación del y para el aprendizaje».

### Reflexión

*Proponemos centrar el análisis interno en el alumnado y no en el centro educativo. Cada uno de ellos tiene sus peculiaridades, pero todos deben contar con los recursos necesarios para atender al alumnado con el mínimo de calidad esperado. La tipología de alumnado sí condiciona las estrategias didácticas, el enfoque de las actividades de enseñanza y aprendizaje y, en general, las medidas de respuesta educativa.*

*Precisamente por esto, el análisis interno es un apartado clave para poder completar con solvencia los apartados: «Orientaciones metodológicas», «Inclusión educativa del alumnado con NEAE» y «Evaluación del y para el aprendizaje».*

# Capítulo III.

# Objetivos

> «El fin de la educación es aumentar la probabilidad
> de que suceda lo que queramos»
>
> José Antonio Marina (1939)

Tanto el Real Decreto 95/2022, de 1 de febrero, por el que se establece la ordenación y las enseñanzas mínimas de la Educación Infantil, como el Real Decreto 157/2022, de 1 de marzo, por el que se establecen la ordenación y las enseñanzas mínimas de la Educación Primaria definen en su artículo 2 los objetivos como los «logros que se espera que el alumnado haya alcanzado al finalizar la etapa y cuya consecución está vinculada a la adquisición de las competencias clave».

Por este motivo el profesorado no puede perder de vista estos objetivos, ya que son las metas que persigue el proceso de enseñanza y aprendizaje.

En este apartado debe incluirse:
1. Los objetivos de etapa, relacionados con el área o ámbito y contextualizados.
2. Los objetivos propuestos por el centro educativo, relacionados con el área o ámbito y contextualizados.

## 3.1. Objetivos generales de etapa

La Ley Orgánica 3/2020, de 29 de diciembre, por la que se modifica la Ley Orgánica 2/2006, de 3 de mayo, de Educación (LOMLOE) propone ocho objetivos generales de etapa para la Educación Infantil (artículo 13) y catorce para la Educación Primaria (artículo 17). Los reales decretos de ordenación y enseñanzas mínimas de Educación Infantil y Primaria mantienen el número y la redacción[16].

No se trata de sendas listas de ítems inconexos, sino que existe una continuidad entre los objetivos de la Educación Infantil y los de la Educación Primaria. De esta forma, es posible identificar aquellos de esta segunda etapa que amplían los de la primera.

A modo de ejemplo y tomando como referencia los reales decretos de ordenación y enseñanzas mínimas, a continuación se evidencia la relación y la continuidad entre algunos objetivos:

| Objetivos de la Educación Infantil (Real Decreto 95/2022, artículo 7) | Objetivos de la Educación Primaria (Real Decreto 157/2022, artículo 7) |
|---|---|
| c) Adquirir progresivamente autonomía en sus actividades habituales.<br>e) Relacionarse con los demás en igualdad y adquirir progresivamente pautas elementales de convivencia y relación social, así como ejercitarse en el uso de la empatía y la resolución pacífica de conflictos, evitando cualquier tipo de violencia. | c) Adquirir habilidades para la resolución pacífica de conflictos y la prevención de la violencia, que les permitan desenvolverse con autonomía en el ámbito escolar y familiar, así como en los grupos sociales con los que se relacionan. |
| f) Desarrollar habilidades comunicativas en diferentes lenguajes y formas de expresión. | e) Conocer y utilizar de manera apropiada la lengua castellana y, si la hubiere, la lengua cooficial de la comunidad autónoma y desarrollar hábitos de lectura. |
| h) Promover, aplicar y desarrollar las normas sociales que fomenten la igualdad entre hombres y mujeres. | m) Desarrollar sus capacidades afectivas en todos los ámbitos de la personalidad y en sus relaciones con las demás personas, así como una actitud contraria a la violencia, a los prejuicios de cualquier tipo y a los estereotipos sexistas. |

---

16   A partir de estos objetivos y de las competencias clave se deducen las competencias específicas, los criterios de evaluación y los saberes básicos de cada área o ámbito. Tomando como base todos estos elementos deben desarrollarse las situaciones de aprendizaje y la evaluación.

Si bien estos objetivos aparecen listados de forma secuencial en la legislación, una posibilidad que permite asimilarlos mejor es clasificarlos en objetivos de dimensión transversal, científica, lingüística y artística. Esto no es una propuesta oficial, y por tanto no es preceptiva, sino una sugerencia para conocerlos antes de aplicarlos al área o ámbito objeto de la programación. El simple ejercicio de clasificación facilita la reflexión y permite obtener una visión global de los objetivos de la etapa.

---

### Educación Infantil (Real Decreto 95/2022, artículo 7)

**Objetivos de dimensión transversal:**
   d) Desarrollar sus capacidades emocionales y afectivas.
   e) Relacionarse con los demás en igualdad y adquirir progresivamente pautas elementales de convivencia y relación social, así como ejercitarse en el uso de la empatía y la resolución pacífica de conflictos, evitando cualquier tipo de violencia.
   h) Promover, aplicar y desarrollar las normas sociales que fomentan la igualdad entre hombres y mujeres.

**Objetivos de dimensión científica:**
   a) Conocer su propio cuerpo y el de los otros, así como sus posibilidades de acción y aprender a respetar las diferencias.
   b) Observar y explorar su entorno familiar, natural y social.
   g) Iniciarse en las habilidades lógico-matemáticas, en la lectura y la escritura, y en el movimiento, el gesto y el ritmo.

**Objetivos de dimensión lingüística:**
   f) Desarrollar habilidades comunicativas en diferentes lenguajes y formas de expresión.
   g) Iniciarse en las habilidades lógico-matemáticas, en la lectura y la escritura, y en el movimiento, el gesto y el ritmo.

**Objetivos de dimensión artística:**
   g) Iniciarse en las habilidades lógico-matemáticas, en la lectura y la escritura, y en el movimiento, el gesto y el ritmo.

---

### Educación Primaria (Real Decreto 157/2022, artículo 7)

**Objetivos de dimensión transversal:**
   a) Conocer y apreciar los valores y las normas de convivencia, aprender a obrar de acuerdo con ellas de forma empática, prepararse para el ejercicio activo de la ciudadanía y respetar los derechos humanos, así como el pluralismo propio de una sociedad democrática.
   b) Desarrollar hábitos de trabajo individual y de equipo, de esfuerzo y de responsabilidad en el estudio, así como actitudes de confianza en sí mismo, sentido crítico, iniciativa personal, curiosidad, interés y creatividad en el aprendizaje, y espíritu emprendedor.

c) Adquirir habilidades para la resolución pacífica de conflictos y la prevención de la violencia, que les permitan desenvolverse con autonomía en el ámbito escolar y familiar, así como en los grupos sociales con los que se relacionan.

d) Conocer, comprender y respetar las diferentes culturas y las diferencias entre las personas, la igualdad de derechos y oportunidades de hombres y mujeres y la no discriminación de personas por motivos de etnia, orientación o identidad sexual, religión o creencias, discapacidad u otras condiciones.

i) Desarrollar las competencias tecnológicas básicas e iniciarse en su utilización, para el aprendizaje, desarrollando un espíritu crítico ante su funcionamiento y los mensajes que reciben y elaboran.

k) Valorar la higiene y la salud, aceptar el propio cuerpo y el de los otros, respetar las diferencias y utilizar la educación física, el deporte y la alimentación como medios para favorecer el desarrollo personal y social.

m) Desarrollar sus capacidades afectivas en todos los ámbitos de la personalidad y en sus relaciones con las demás personas, así como una actitud contraria a la violencia, a los prejuicios de cualquier tipo y a los estereotipos sexistas.

**Objetivos de dimensión científica:**

g) Desarrollar las competencias matemáticas básicas e iniciarse en la resolución de problemas que requieran la realización de operaciones elementales de cálculo, conocimientos geométricos y estimaciones, así como ser capaces de aplicarlos a las situaciones de su vida cotidiana.

h) Conocer los aspectos fundamentales de las Ciencias de la Naturaleza, las Ciencias Sociales, la Geografía, la Historia y la Cultura.

l) Conocer y valorar los animales más próximos al ser humano y adoptar modos de comportamiento que favorezcan la empatía y su cuidado.

n) Desarrollar hábitos cotidianos de movilidad activa autónoma saludable, fomentando la educación vial y actitudes de respeto que incidan en la prevención de los accidentes de tráfico.

**Objetivos de dimensión lingüística:**

e) Conocer y utilizar de manera apropiada la lengua castellana y, si la hubiere, la lengua cooficial de la comunidad autónoma y desarrollar hábitos de lectura.

f) Adquirir en, al menos, una lengua extranjera la competencia comunicativa básica que les permita expresar y comprender mensajes sencillos y desenvolverse en situaciones cotidianas.

**Objetivos de dimensión artística:**

j) Utilizar diferentes representaciones y expresiones artísticas e iniciarse en la construcción de propuestas visuales y audiovisuales.

Todos los objetivos han de aparecer en el conjunto de las programaciones didácticas de todas las áreas o ámbitos (o como mínimo de toda la etapa). No obstante, tal y como sugiere la clasificación propuesta, no todos los objetivos se adaptan de igual manera a cada área o ámbito, por lo que no necesariamente todos los objetivos deben aparecer en cada una de ellas.

### Reflexión

El objetivo «Desarrollar habilidades comunicativas en diferentes lenguajes y formas de expresión» (Educación Infantil Real Decreto 95/2022, artículo 7, objetivo f) podría desarrollarse más fácilmente en el área de Comunicación y Representación de la Realidad, pero sería más complicado hacerlo en el área de Crecimiento en Armonía.

De un modo análogo, el objetivo «Desarrollar las competencias matemáticas básicas e iniciarse en la resolución de problemas que requieran la realización de operaciones elementales de cálculo, conocimientos geométricos y estimaciones, así como ser capaces de aplicarlos a las situaciones de su vida cotidiana» (Educación Primaria, Real Decreto 157/2022, artículo 7, objetivo g) tiene un acomodo más sencillo en las áreas de Matemáticas y Conocimiento del Medio Natural, Social y Cultural, o en el ámbito científico, pero resulta más complejo de incluir de forma coherente en las áreas de Educación Física o Educación Artística o en el ámbito lingüístico.

Por lo tanto, procede que el primer objetivo aparezca en la programación de Comunicación y Representación de la Realidad, y que el segundo tenga lugar en las programaciones de Matemáticas y Conocimiento del Medio Natural, Social y Cultural, o en el ámbito científico, pero el profesorado de un mismo curso podría optar, de forma consensuada, por no incluirlos en otras áreas o ámbitos en las que no resultan oportunos.

Por este motivo, es importante que exista coordinación entre todo el profesorado que imparte docencia a un mismo curso (el equipo educativo) y este tipo de decisiones es un indicador de la presencia de esta coordinación.

En este sentido, proponemos que la primera aproximación a los objetivos sea la de asignar o seleccionar los objetivos generales que van a concretarse de forma directa en cada área o ámbito. Todos los objetivos deben desarrollarse en el conjunto de todas las áreas o ámbitos de un mismo curso, pero no necesariamente todas ellas deben incluir todos los objetivos.

## **3.2.** Contextualización de los objetivos

Los objetivos generales de etapa son los referentes fundamentales para la programación didáctica, pero no basta con seleccionar aquellos que mejor encajan en cada área o ámbito concreto, sino que hay que contextualizarlos para hacerlos propios.

La primera forma de hacerlo es tomar como base los objetivos de los reales decretos de ordenación y enseñanzas mínimas y definir con claridad cómo se va a contribuir desde el área o ámbito al logro de estos objetivos.

El contenido de este apartado de la programación didáctica, por tanto, tiene que hacer referencia tanto a los reales decretos como al área. Los objetivos seleccionados y contextualizados deben ser el marco de los objetivos concretos y operativos que se desarrollarán en las distintas situaciones de aprendizaje.

A continuación se muestran sendos ejemplos ilustrativos para Educación Infantil y Educación Primaria:

 EJEMPLO 3.I.

### Contextualización de objetivos de Educación Infantil

**Objetivo e):**

«Relacionarse con los demás en igualdad y adquirir progresivamente pautas elementales de convivencia y relación social, así como ejercitarse en el uso de la empatía y la resolución pacífica de conflictos, evitando cualquier tipo de violencia».

**Posible redacción de este objetivo para Crecimiento en Armonía:**

Relacionarse con los demás en igualdad y adquirir progresivamente pautas elementales de convivencia y relación social, así como ejercitarse en el uso de la empatía y la resolución pacífica de conflictos, evitando cualquier tipo de violencia y valorando las diferencias independientemente del género, etnia o estatus social.

**Posible redacción de este objetivo para Comunicación y Representación de la Realidad:**

Relacionarse con los demás en igualdad y adquirir progresivamente pautas elementales de convivencia y relación social, así como ejercitarse en el uso de la empatía y la resolución pacífica de conflictos, evitando cualquier tipo de violencia y utilizando un lenguaje apropiado para cada situación específica.

**Objetivo h):**

«Promover, aplicar y desarrollar las normas sociales que *fomentan la igualdad entre hombres y mujeres*».

**Posible redacción de este objetivo para Descubrimiento y Exploración del entorno:**

Promover, aplicar y desarrollar las normas sociales que fomentan la igualdad entre hombres y mujeres desarrollando valores cívicos para una participación activa dentro del ámbito escolar.

**Posible redacción de este objetivo para Comunicación y Representación de la Realidad:**

Promover, aplicar y desarrollar las normas sociales que fomentan la igualdad entre hombres y mujeres utilizando un lenguaje adecuado a cada situación dentro del ámbito escolar.

 EJEMPLO 3.2.

## Contextualización de objetivos de Educación Primaria

**Objetivo b):**

«Desarrollar hábitos de trabajo individual y de equipo, de esfuerzo y de responsabilidad en el estudio, así como actitudes de confianza en sí mismo, sentido crítico, iniciativa personal, curiosidad, interés y creatividad en el aprendizaje, y espíritu emprendedor».

**Posible redacción de este objetivo para Educación Artística:**

Desarrollar hábitos de trabajo individual y de equipo, de esfuerzo y de responsabilidad en el estudio, así como actitudes de confianza en sí mismo, sentido crítico, iniciativa personal, curiosidad, interés y creatividad en el aprendizaje, y espíritu emprendedor en las diferentes creaciones e interpretaciones musicales llevadas a cabo dentro del ámbito escolar.

**Posible redacción de este objetivo para Conocimiento del Medio Natural, Social y Cultural:**

Desarrollar hábitos de trabajo individual y de equipo, de esfuerzo y de responsabilidad en el estudio, así como actitudes de confianza en sí mismo, sentido crítico, iniciativa personal, curiosidad, interés y creatividad en el aprendizaje, y espíritu emprendedor en las diferentes investigaciones que se llevarán a cabo dentro del ámbito escolar.

**Posible redacción de este objetivo para un ámbito científico en Educación Primaria:**

Desarrollar hábitos de trabajo individual y de equipo, de esfuerzo y de responsabilidad en el estudio, así como actitudes de confianza en sí mismo, sentido crítico, iniciativa personal, curiosidad, interés y creatividad en el aprendizaje, y espíritu emprendedor a la hora de enfrentarse a distintos retos planteados a través de diferentes investigaciones realizadas en el aula y en el posterior análisis de los resultados obtenidos.

### Objetivo i):

«Desarrollar las competencias tecnológicas básicas e iniciarse en su utilización, para el aprendizaje, desarrollando un espíritu crítico ante su funcionamiento y los mensajes que reciben y elaboran».

**Posible redacción de este objetivo para Lengua Castellana y Literatura:**

Desarrollar las competencias tecnológicas básicas e iniciarse en su utilización, para el aprendizaje, desarrollando un espíritu crítico ante su funcionamiento y los mensajes que reciben y elaboran utilizando un vocabulario adecuado y respetuoso teniendo en cuenta el contexto del aula.

**Posible redacción de este objetivo para Matemáticas:**

Desarrollar las competencias tecnológicas básicas e iniciarse en su utilización, para el aprendizaje, desarrollando un espíritu crítico ante su funcionamiento y los mensajes que reciben y elaboran analizando los datos obtenidos a través de diferentes actividades de manera eficiente y respetuosa.

**Posible redacción de este objetivo para un ámbito humanístico en Educación Primaria:**

Desarrollar las competencias tecnológicas básicas e iniciarse en su utilización, para el aprendizaje, desarrollando un espíritu crítico ante su funcionamiento y los mensajes que reciben y elaboran utilizando unas normas adecuadas para su redacción y un vocabulario respetuoso que valore las diferencias de los posibles destinatarios y sea, al mismo tiempo, creativo en la elaboración de los diferentes mensajes teniendo en cuenta la variedad de posibilidades que nos ofrecen los distintos recursos tecnológicos a los que se tiene acceso.

La contextualización de los objetivos no se reduce a concretar la contribución que aporta el área o ámbito objeto de programación, sino que también pueden incluirse en este apartado objetivos propios del centro educativo. Esta segunda forma de contextualización responde a la autonomía pedagógica de los centros educativos y a los distintos niveles de concreción curricular, que ya se detallaron en el apartado de marco normativo (véanse el capítulo I y los anexos A, B y C).

No se trata en este caso de objetivos generales, sino de objetivos que desarrollan los valores y prioridades de actuación del centro.

 EJEMPLO 3.3.

### Objetivos de centro educativo

Un centro comprometido con el ecosistema podría incluir un objetivo directamente asociado a la sostenibilidad en Conocimiento del Medio Natural, Social y Cultural o en el ámbito científico. De un modo similar, un centro que tenga como prioridad el fomento de la convivencia podría incluir un objetivo directamente relacionado con la valoración de la diversidad y la mejora de la convivencia entre personas pertenecientes a distintos trasfondos sociales, culturales o étnicos.

## Reflexión

En el primer apartado de este capítulo proponemos una aproximación a los objetivos generales de etapa, que consiste en la selección y clasificación de estos objetivos.

En el segundo apartado, proponemos:

Concretar los objetivos seleccionados y hacerlos propios de cada área o ámbito. Es decir, redactarlos de forma que se relacionen de manera directa con el área o ámbito objeto de programación.

Incluir objetivos propios del centro educativo. Seguramente los valores y prioridades de actuación del centro educativo, así como el análisis del con texto, aconsejan incluir objetivos adicionales.

# Capítulo IV.

# Perfil de salida
# y competencias clave

> **«Estudia no para saber una cosa más, sino para saberla mejor»**
>
> (Lucio Anneo Séneca, 4 a.C. - 65)

En 1997 la Organización para la Cooperación y el Desarrollo Económico (OCDE) inició el proyecto «DeSeCo» (*Definition and Selection of Competencies*). Su objetivo era proporcionar un marco conceptual sólido que permitiera establecer qué objetivos debe alcanzar cualquier sistema educativo que pretendiera fomentar la educación a lo largo de la vida del discente. Así, se definen las «competencias» como un conjunto complejo de habilidades prácticas, conocimientos, motivación, valores éticos, actitudes, emociones y otros componentes sociales y de comportamiento que cada persona pone en práctica en un contexto concreto para hacer frente a las demandas peculiares de cada situación[17].

Un potencial elemento de ese conjunto se considera una «competencia clave» si contribuye a obtener resultados de alto valor personal o social, puede ser aplicable a un amplio abanico de contextos y ámbitos relevantes y permite a las personas que la adquieren, superar con éxito exigencias complejas. Por tanto, las competencias son clave cuando resultan de utilidad a toda la población y por ello pueden ubicarse en la educación obligatoria.

---

17  OCDE, DeSeCo (2002).

La Unión Europea manifestó un interés creciente por las competencias, tanto es así que en la Recomendación 2006/962/EC, del Parlamento Europeo[18], sobre las competencias clave para el aprendizaje permanente, se instó a los Estados miembros a «desarrollar la oferta de competencias clave». En este documento se introdujo una definición de competencia que queda entendida como una combinación de conocimientos, capacidades y actitudes adecuadas al contexto. Se considera que «las competencias clave son aquellas que todas las personas precisan para su realización y desarrollo personal, así como para la ciudadanía activa, la inclusión social y el empleo»[19].

Las competencias clave se incorporaron al currículo español en 2006 y el enfoque competencial del currículo ha tenido desde entonces una importancia creciente. En definitiva, se trata de garantizar que al finalizar la educación obligatoria el alumnado haya adquirido los aprendizajes imprescindibles para alcanzar su realización personal, lograr su inclusión social, ejercer la ciudadanía activa, hacer frente a la vida adulta y ser capaz de desarrollar un aprendizaje permanente.

El artículo 2 de los reales decretos del currículo define las competencias clave como «los desempeños que se consideran imprescindibles para que el alumnado pueda progresar con garantías de éxito en su itinerario formativo, y afrontar los principales retos y desafíos globales y locales».

La única diferencia que se puede encontrar en el artículo 2 de los reales decretos de currículo de Infantil y Primaria sobre el concepto de «competencias clave» hace referencia al «perfil de salida». Este nuevo concepto, que es único y el mismo en todo el territorio, identifica y define las competencias clave que se espera que el alumnado haya desarrollado al completar la educación básica. La Educación Infantil queda fuera de la educación básica, y por tanto, aquí está el matiz en la redacción, pues en esta enseñanza, como ocurre con la enseñanza de bachillerato, no es posible hacer referencia al perfil de salida, al ser un concepto asociado a la educación básica (Primaria y Secundaria Obligatoria).

Según el Ministerio de Educación, «el perfil de salida es la piedra angular de todo el currículo; es la matriz que cohesiona y hacia donde convergen los objetivos de las distintas etapas que constituyen la enseñanza básica. De este modo, las decisiones curriculares, las orientaciones metodológicas de la práctica lectiva y la evaluación de los aprendizajes del alumnado han de fun-

---

18    Diario Oficial de la Unión Europea, L 394, 30 de diciembre de 2006.

19    Comisión de las Comunidades Europeas (2006).

damentarse en este nuevo concepto, en particular en lo relativo a la toma de decisiones sobre promoción entre los distintos cursos, así como a la obtención del título de Graduado en Educación Secundaria Obligatoria»[20].

Las competencias clave que se recogen en el perfil de salida son la adaptación al sistema educativo español de las que se establecen en la Recomendación del Consejo de la Unión Europea, de 22 de mayo de 2018, relativa a las competencias clave para el aprendizaje permanente. Esta adaptación responde a la necesidad de vincular dichas competencias con los retos y desafíos del siglo XXI, con los principios y fines del sistema educativo y con el contexto escolar, ya que la Recomendación, anteriormente citada, se refiere al aprendizaje permanente que debe producirse a lo largo de toda la vida, mientras que el perfil remite a un momento preciso y limitado del desarrollo personal, social y formativo del alumnado: la etapa de la enseñanza básica. De este modo, se aspira a garantizar que el alumnado que supere con éxito la enseñanza obligatoria y, por tanto, alcance el perfil de salida, sepa hacer uso de los aprendizajes adquiridos para enfrentarse a la vida adulta.

En los dos primeros apartados de este capítulo se describen conceptos que el lector o lectora debe comprender para poder incluir de forma operativa las competencias clave en la programación didáctica. Será el tercer apartado el que tendrá un efecto directo y práctico sobre la programación.

Por tanto, en este apartado debe incluirse:

1. La relación entre competencias específicas de cada área o ámbito y los descriptores operativos de las competencias clave.
2. La contextualización de cada competencia clave para cada área o ámbito.

---

20  Ministerio de Educación (2020).

Además, en el supuesto de una propuesta cooperativa de centro en la que se propongan situaciones de aprendizaje que desarrollen de manera holística las competencias clave, debería reflejarse la iniciativa en este apartado de la programación didáctica.

## 4.1. Perfil de salida

**De acuerdo a los anexos I de los Reales Decretos
que establecen la ordenación y las enseñanzas mínimas
de la Educación Primaria y de la ESO (Real Decreto 157/2022 y
Real Decreto 217/2022, respectivamente):**

El Perfil de salida del alumnado al término de la enseñanza básica es la herramienta en la que se concretan los principios y los fines del sistema educativo español referidos a dicho periodo. El Perfil identifica y define, en conexión con los retos del siglo XXI, las competencias clave que se espera que los alumnos y alumnas hayan desarrollado al completar esta fase de su itinerario formativo.

El Perfil de salida es único y el mismo para todo el territorio nacional. Es la piedra angular de todo el currículo, la matriz que cohesiona y hacia donde convergen los objetivos de las distintas etapas que constituyen la enseñanza básica. [...]

El Perfil de salida parte de una visión a la vez estructural y funcional de las competencias clave, cuya adquisición por parte del alumnado se considera indispensable para su desarrollo personal, para resolver situaciones y problemas de los distintos ámbitos de su vida, para crear nuevas oportunidades de mejora, así como para lograr la continuidad de su itinerario formativo y facilitar y desarrollar su inserción y participación activa en la sociedad y en el cuidado de las personas, del entorno natural y del planeta.

En Educación Infantil no existe mención al Perfil de salida. En esta etapa, se contribuye a que el alumnado se inicie en el «proceso de adquisición de las competencias clave para el aprendizaje permanente».

En la Educación Primaria, el tratamiento del Perfil de salida es transitorio, es decir, no existe un Perfil de salida asociado directamente a esta etapa, ya que se trata de un concepto directamente asociado a la educación básica en su conjunto y por esto debe alcanzarse al finalizar la ESO.

Por su parte, alcanzar el Perfil de salida implica que el alumnado ha adquirido una serie de aprendizajes y es capaz de hacer uso de ellos para dar una respuesta a aquellos desafíos a los que deberá hacer frente a lo largo de su vida, entre los que se pueden encontrar:

- Desarrollar una actitud responsable y consciente del entorno medioambiental y animal.
- Identificar diferentes aspectos relacionados con el consumo responsable y ejercer un control social frente a la vulneración de sus derechos.
- Desarrollar estilos de vida saludables, asumiendo la responsabilidad personal y social en el cuidado propio y el de las demás personas.
- Desarrollar un espíritu crítico, empático y proactivo.
- Entender los conflictos y resolverlos de manera pacífica.
- Aceptar la incertidumbre como una oportunidad para articular respuestas creativas.
- Cooperar y convivir en sociedades abiertas y cambiantes.

La respuesta a estos desafíos necesita de las competencias clave y estas son abordadas de forma transversal en las distintas áreas o ámbitos que componen el currículo. Además, las competencias clave se relacionan con los principales retos y desafíos globales a los que el alumnado va a enfrentarse y para los que las necesitará. Por ello se han incorporado al Perfil de salida los retos recogidos en el documento *Key Drivers of Curricula Change in the 21st Century* de la Oficina Internacional de Educación de la UNESCO, así como los Objetivos de Desarrollo Sostenible de la Agenda 2030 adoptada por la Asamblea General de las Naciones Unidas en septiembre de 2015. Por tanto, las competencias clave incluyen temas de carácter transversal que la propia ONU considera de una extrema importancia.

Los conocimientos, destrezas y actitudes (saberes básicos) de cada una de las áreas o ámbitos son imprescindibles para que el alumnado pueda entender lo que ocurre a su alrededor y valorar críticamente la situación. La integración de todos estos elementos conecta con un enfoque competencial del currículo, de manera que el objetivo no es la mera adquisición de contenidos (saberes básicos), sino el aprendizaje de su uso para solucionar necesidades presentes en la realidad. La resolución ética, comprometida y respetuosa con el bien común de estos desafíos anteriormente descritos implica haber alcanzado el Perfil de salida esperado al término de la ESO.

### Reflexión

El *Perfil de salida* supone la adquisición de todas y cada una de las competencias clave. Estas competencias clave, a su vez, incluyen temas de carácter transversal que van más allá de los saberes básicos de cada área o ámbito.

Las comprensión lectora, la expresión oral y escrita, la comunicación audiovisual, la competencia digital, el emprendimiento, el fomento del espíritu crítico y científico, la educación emocional y en valores, la educación para la paz y no violencia y la creatividad, así como la educación para la salud, incluido la afectivo-sexual, la igualdad entre hombres y mujeres, la formación estética y el respeto mutuo y la cooperación entre iguales son temas de carácter transversal que se incluyen en las competencias clave.

Por tanto, podemos afirmar que las competencias clave implican el tratamiento de los temas transversales y de los objetivos de desarrollo sostenible (ODS) a los que se hace referencia de manera integrada en la legislación.

## 4.2. Competencias clave y descriptores

El enfoque competencial supone un cambio de paradigma en la educación, es decir, una alteración mayor del esquema formal en el que se organiza la Educación Infantil y Primaria. Los contenidos dejan de ser el hilo conductor del proceso de enseñanza y aprendizaje y se deben trabajar de forma integrada en la medida en que dan respuesta a diferentes «situaciones de aprendizaje»[21]. De esta manera, el alumnado ya no tiene que aprender sólo una serie de conceptos, sino que ha de adquirir unas habilidades y destrezas, además de una serie de actitudes. Esto no implica que los saberes básicos desaparezcan, sino que ceden su condición de eje director. El desarrollo competencial incluye:

- Conceptos, principios, teorías, datos y hechos, es decir, conocimiento declarativo o «saber».
- Destrezas, referidas tanto a la acción física observable como a la acción mental, es decir, conocimiento procedimental o «saber hacer».
- Actitudes y valores, un componente que tiene una gran influencia social y cultural y que se define como «saber ser».

---

21  Este concepto se desarrolla ampliamente en el capítulo V.

Se entiende que estos tres componentes están íntimamente relacionados: el conocimiento conceptual («saber») no puede aprenderse al margen de su uso («saber hacer») y tampoco puede adquirirse un conocimiento procedimental en ausencia de las actitudes y los valores («saber ser») que permiten dar sentido a la acción.

Con carácter general, debe entenderse que la consecución de las competencias y los objetivos de la Educación Infantil y Primaria está vinculada a la adquisición y al desarrollo de las siguientes competencias clave, que quedan definidas en los anexos I de los reales decretos de ordenación y enseñanzas mínimas.

- Competencia en comunicación lingüística (CCL).
- Competencia plurilingüe (CP).
- Competencia matemática y competencia en ciencia, tecnología e ingeniería (STEM[22]).
- Competencia digital (CD).
- Competencia personal, social y de aprender a aprender (CPSAA).
- Competencia ciudadana (CC).
- Competencia emprendedora (CE).
- Competencia en conciencia y expresión culturales (CCEC).

No existe jerarquía entre las distintas competencias, ya que se consideran todas igualmente importantes. Tampoco se establecen entre ellas límites diferenciados, sino que se solapan y entrelazan. Es decir, todas las competencias tienen carácter transversal y se desarrollan a partir de los aprendizajes que se producen en las distintas áreas o ámbitos.

Para cada competencia clave se ha definido un conjunto de «descriptores», que la concretan y la hacen operativa. Los descriptores, junto con los objetivos de la etapa, constituyen el marco referencial a partir del cual se concreta cada área o ámbito, a través de sus «competencias específicas».

Las competencias específicas, de acuerdo a los reales decretos de ordenación y enseñanzas mínimas, se definen como «desempeños que el alumnado debe poder desplegar en actividades o en situaciones cuyo abordaje requiere de los saberes básicos de cada materia o ámbito». Por tanto, a diferencia de las competencias clave, las competencias específicas son propias de cada área o ámbito. Este término se explicará en detalle en el próximo capítulo.

---

22  Por sus siglas en inglés: *Science, Technology, Engineering and Mathematics.*

La vinculación entre descriptores y competencias específicas de cada área propicia que de la evaluación de estas últimas pueda inferirse el grado de adquisición de las competencias clave definidas en el Perfil de salida y, por tanto, la consecución de las competencias y objetivos previstos para la etapa.

En los anexos II de los reales decretos que regulan la ordenación y ense-ñanzas mínimas de la Educación Primaria, la ESO y el Bachillerato se rela-cionan las competencias específicas de cada área con los descriptores de las competencias clave. Si bien no todas las competencias específicas pueden asociarse con todos y cada uno de los descriptores de las competencias cla-ve, en general, existe relación, más o menos directa, entre las competencias clave y las áreas. Existen áreas que se relacionan con todas y cada una de las competencias clave y otras áreas que se relacionan con la mayoría de ellas.

En el diagrama 4.1 se muestra la relación que existe entre los principales conceptos que se introducen en este capítulo: el perfil de salida, los saberes básicos, las competencias clave, los descriptores y las competencias específicas de cada área.

**Diagrama 4.1. Relación entre elementos curriculares LOMLOE**

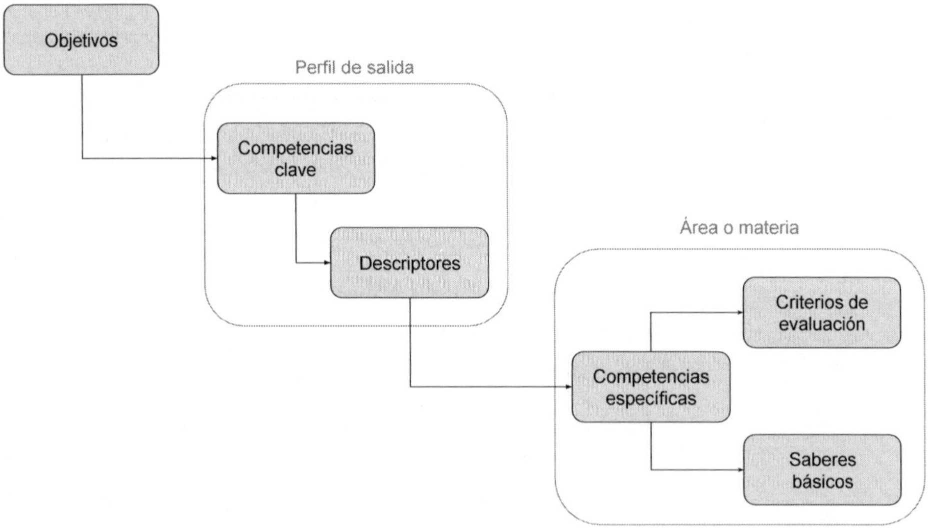

En el anexo D se describen cada una de las competencias clave, de acuerdo con los Reales Decretos de ordenación y enseñanzas mínimas de Educación Infantil y Primaria. En este mismo anexo se relacionan los descriptores de cada una de estas competencias clave respecto a la Educación Primaria y ESO, ya que en el Real Decreto de Educación Infantil no se hace referencia alguna a los descriptores operativos.

De esta forma, se puede comprobar la evolución de los descriptores y por tanto la evolución prescrita que el profesorado debe perseguir según el alumnado progrese y evolucione de una etapa a la siguiente. Resulta necesario tener en cuenta esta progresión de descriptores operativos asociados a etapas para diseñar una adecuada transición entre ellas.

## Reflexión

*Se mantienen las ocho competencias clave en las etapas de Educación Infantil y Primaria. Estas competencias se adquieren de forma secuencial y progresiva, y para facilitar la tarea docente, en el caso de Educación Primaria se incluyen los descriptores operativos.*

*Estos descriptores concretan el grado de desempeño que se pretende que consiga el alumnado en la adquisición de estas competencias. Además, nos sirven para enlazar las competencias clave con cada una de las áreas o ámbitos.*

*En el caso de la Educación Primaria los descriptores operativos favorecen y explicitan la continuidad, la coherencia y la cohesión entre esta y la ESO.*

*A título de ejemplo, puede comprobarse esta progresión en el descriptor cuatro de la competencia clave CD (competencia digital):*

| Al completar la Educación Primaria, el alumno o la alumna… | Al completar la enseñanza básica, el alumno o la alumna… |
|---|---|
| CD4.   Conoce los riesgos y adopta, con la orientación del docente, medidas preventivas al usar las tecnologías digitales para proteger los dispositivos, los datos personales, la salud y el medioambiente, y se inicia en la adopción de hábitos de uso crítico, seguro, saludable y sostenible de dichas tecnologías. | CD4.   Identifica riesgos y adopta medidas preventivas al usar las tecnologías digitales para proteger los dispositivos, los datos personales, la salud y el medioambiente, y para tomar conciencia de la importancia y necesidad de hacer un uso crítico, legal, seguro, saludable y sostenible de dichas tecnologías. |

*Véase el anexo D para identificar la evolución en el nivel de desempeño de todos los descriptores de una etapa a la siguiente.*

## **4.3.** Las competencias clave en la programación

En los dos apartados anteriores se ha descrito el Perfil de salida y las competencias clave. En este tercer apartado se propone la forma de incluir estos conceptos en la programación didáctica de cada área o ámbito.

Tal y como se ha indicado en el apartado anterior, existe una relación más o menos directa entre las competencias clave y las áreas o ámbitos. Esta relación se evidencia en la propia legislación a través de los anexos I y II de los reales decretos que regulan la ordenación y enseñanzas mínimas de la Educación Infantil y Primaria.

A diferencia de la Educación Primaria, en la Educación Infantil no se establece relación entre las competencias clave y las competencias específicas en el marco normativo nacional. Por tanto, fijar esta relación queda en manos de la concreción autonómica, y en el supuesto de no existir esta concreción, quedaría en manos del centro educativo (marco de centro o marco de ciclo).

 **EJEMPLO 4.I.**

### Relación entre las competencias clave y competencias específicas de cada área de Educación Infantil

En las dos tablas siguientes se realiza una propuesta de posible relación entre las competencias clave y las competencias específicas, de acuerdo a los anexos I y II, de dos áreas de esta etapa.

| Crecimiento en Armonía | | | | | | | | |
|---|---|---|---|---|---|---|---|---|
| Competencias específicas | Competencias clave | | | | | | | |
| | CCL | CP | STEM | CD | CPSAA | CC | CE | CCEC |
| 1 | | | X | | X | X | | |
| 2 | X | X | | | X | X | | |
| 3 | | | | | X | X | X | |
| 4 | X | X | | | | | X | |

| Crecimiento en Armonía | | | | | | | | |
|---|---|---|---|---|---|---|---|---|
| Competencias específicas | Competencias clave | | | | | | | |
| | CCL | CP | STEM | CD | CPSAA | CC | CE | CCEC |
| 1 | X | X | X | X | X | | | X |
| 2 | | | X | X | X | | X | |
| 3 | X | X | | | | X | | |

A partir de las tablas anteriores se puede comprobar, de manera gráfica, la relación existente entre áreas y competencias clave.

- En Crecimiento en Armonía, no existe relación explícita con la CD (competencia digital) y CCEC (competencia en conciencia y expresiones culturales), en cambio existe una relación muy estrecha con la CC (competencia ciudadana).
- En Descubrimiento y Exploración del Entorno existe relación con todas las competencias aunque de manera menos explícita con CC (competencia ciudadana), CE (competencia emprendedora) y CCEC (competencia en conciencia y expresiones culturales).

En este ejemplo se aprecia de manera muy intuitiva la mayor relación de determinadas competencias clave con determinadas áreas. No obstante, se recomienda a cada ciclo de Educación Infantil la tarea de lectura, interpretación y clasificación.

 EJEMPLO 4.2.

## Relación entre los descriptores de las competencias clave y competencias específicas de cada área de Educación Primaria

En el anexo II del Real Decreto de Educación Primaria, se relacionan, para cada área, los descriptores operativos de las competencias clave con las competencias específicas.

En las tres tablas siguientes se relacionan, de acuerdo al anexo II, los descriptores de las competencias clave y las competencias específicas de dos áreas y un posible ámbito de esta etapa.

| Educación Física | | | | | | | | |
|---|---|---|---|---|---|---|---|---|
| Competencias clave | CCL | CP | STEM | CD | CPSAA | CC | CE | CCEC |
| Competencias específicas | Número de descriptor operativo asociado a cada competencia clave | | | | | | | |
| 1 | | | 2, 5 | | 2, 5 | | 3 | |
| 2 | | | 1 | | 4, 5 | | | |
| 3 | 1, 5 | | | | 1, 3, 5 | 2, 3 | | |
| 4 | | | | | | 3 | | 1, 2, 3, 4 |
| 5 | | | 5 | | | 2, 4 | 1, 3 | |

| Conocimiento del Medio Natural, Social y Cultural | | | | | | | | |
|---|---|---|---|---|---|---|---|---|
| Competencias clave | CCL | CP | STEM | CD | CPSAA | CC | CE | CCEC |
| Competencias específicas | Número de descriptor operativo asociado a cada competencia clave | | | | | | | |
| 1 | 3 | | 4 | 1, 2, 3, 4, 5 | | | | 4 |
| 2 | 1, 2, 3 | | 2, 4 | 1, 2 | | 4 | | |
| 3 | | | 3, 4 | 5 | 3, 4, 5 | | 1, 3 | 4 |
| 4 | | | 5 | | 1, 2, 3 | 3 | | |
| 5 | | | 1, 2, 4, 5 | 1 | | 4 | 1 | 1 |
| 6 | 5 | | 2, 5 | | 4 | 1, 3, 4 | 1 | |
| 7 | 3 | | 4 | | 4 | 1, 3 | 2 | 1 |
| 8 | | 3 | | | 3 | 1, 2, 3 | | 1 |
| 9 | 5 | | | | 1 | 1, 2, 3 | | 1 |

| Ámbito Humanístico | | | | | | | | |
|---|---|---|---|---|---|---|---|---|
| Competencias clave | CCL | CP | STEM | CD | CPSAA | CC | CE | CCEC |
| Competencias específicas | Número de descriptor operativo asociado a cada competencia clave | | | | | | | |
| Lengua Castellana y Literatura | | | | | | | | |
| 1 | 1, 5 | 2, 3 | | | | 1, 2 | | 1, 3 |
| 2 | 2 | 2 | 1 | 3 | 3 | 3 | | |
| 3 | 1, 3, 5 | 2 | 1 | 2, 3 | | 2 | 1 | |
| 4 | 2, 3, 5 | 2 | 1 | 1 | 4, 5 | | | |
| 5 | 1, 3, 5 | | 1 | 2, 3 | 5 | 2 | | |
| 6 | 3 | | | 1, 2, 3, 4 | 5 | 2 | 3 | |
| 7 | 1, 4 | | | 3 | 1 | | | 1, 2, 3 |
| 8 | 1, 2, 4 | | | | | | | 1, 2, 3, 4 |
| 9 | 1, 2 | 2 | 1, 2 | | 5 | | | |
| 10 | 1, 5 | 3 | | 3 | 3 | 1, 2, 3 | | |
| Lengua Extranjera | | | | | | | | |
| 1 | 2, 3 | 1, 2 | 1 | 1 | 5 | | | 2 |
| 2 | 1 | 1, 2 | 1 | 2 | 5 | | 1 | 4 |
| 3 | 5 | 1, 2 | 1 | | 3 | 3 | 1, 3 | |
| 4 | 5 | 1, 2, 3 | 1 | | 1, 3 | | | 1 |
| 5 | | 2 | 1 | 2 | 1, 4, 5 | | 3 | |
| 6 | 5 | 3 | | | 1, 3 | 2, 3 | | 1 |

| Ámbito Humanístico | | | | | | | | |
|---|---|---|---|---|---|---|---|---|
| Competencias clave | CCL | CP | STEM | CD | CPSAA | CC | CE | CCEC |
| Competencias específicas | Número de descriptor operativo asociado a cada competencia clave | | | | | | | |
| Educación Artística | | | | | | | | |
| 1 | | 3 | 1 | 1 | 3 | 1 | 2 | 1, 2 |
| 2 | 3 | 3 | 2 | 1 | 4 | 3 | | 1, 2 |
| 3 | 1 | | | 2 | 1, 5 | 2 | 1 | 3, 4 |
| 4 | 1, 5 | 3 | 3 | | | 2 | 1, 3 | 3, 4 |
| Educación en Valores Cívicos y Éticos | | | | | | | | |
| 1 | 1, 3 | | | 4 | 4, 5 | 1, 2, 3 | | |
| 2 | 5 | 3 | | | 3 | 1, 2, 3 | | 1 |
| 3 | 2, 5 | | 1, 5 | | 2 | 3, 4 | 1 | |
| 4 | 1, 5 | | | | 1, 2, 3 | 2, 3, 4 | 3 | |

A partir de las tablas anteriores se puede comprobar, de manera gráfica, la relación existente entre áreas y competencias clave:

- En Conocimiento del Medio Natural, Social y Cultural existe relación con todas las competencias clave, aunque con la CP (competencia plurilingüe) existe muy poca relación.
- En Educación Artística existe relación con todas las competencias clave de manera equilibrada.
- En Educación Física no existe una relación explícita con la CP (competencia plurilingüe) ni con la CD (competencia digital).
- Dentro del ámbito humanístico propuesto podemos observar una relación bastante pareja con todas las competencias clave, aunque existe una menor relación con la STEM (competencia matemática y competencia en ciencia, tecnología e ingeniería) y con la CE (competencia emprendedora).

En consecuencia, se aprecia una mayor relación de determinadas competencias clave con determinadas áreas o ámbitos.

Se propone que las competencias clave que se relacionan con cada área se contextualicen, es decir, que se adapten al contexto que proporciona el área o ámbito y con ello que se hagan propias.

No se trata de centrar el proceso de enseñanza y aprendizaje en el desarrollo de las competencias clave, pero sí se han de tener en cuenta en las diferentes situaciones de aprendizaje que se plantean al alumnado.

En esencia, el texto de este apartado debe responder a la pregunta:

«¿Para qué o por qué esta competencia clave en este área o ámbito?»

O bien:

«¿En qué grado contribuye este área o ámbito a esta competencia clave?»

El ejercicio de reflexión que supone contextualizar las competencias clave a cada área o ámbito, repercute en un mayor conocimiento de estas competencias clave por parte del profesorado responsable de cada área.

## Reflexión

*Del análisis de cada una de las competencias clave se desprende que algunas están más relacionadas con unas áreas que con otras. ¿Cómo gestionamos este hecho? ¿Han de tener todas las competencias el mismo peso en todas las áreas o ámbitos?*

*Obviamente el área de Matemáticas, en Educación Primaria, tiene una relación directa con la competencia STEM. De manera análoga, el área de Comunicación y Representación de la Realidad, en Educación Infantil, se relaciona de forma más íntima con la competencia de comunicación lingüística o competencia plurilingüe. Del mismo modo, se puede conectar más fácilmente la competencia de conciencia y expresión culturales con el área de Educación Artística, en Educación Primaria, o con el área de Comunicación y Representación de la Realidad, en Educación Infantil.*

*Esta situación señala la importancia de la coordinación docente, entre tutores y especialistas, para la construcción cooperativa del proceso de enseñanza y aprendizaje. Las propuestas para dar respuesta a esta necesidad pueden ser diversas. Un posible planteamiento sería el siguiente:*

*• Desarrollar y evaluar de forma explícita la vertiente más conceptual («saber») de cada competencia en el área o ámbito relacionado directamente. Por ejemplo, los saberes básicos de álgebra, geometría, estadística, cuantificadores básicos, modelo de control de variables etc.*

únicamente se abordarían en el área de Matemáticas o Descubrimiento y Exploración del entorno.

- Desarrollar y evaluar de forma transversal las vertientes procedimentales («saber hacer») y actitudinales («saber ser») en todas las áreas. El uso de gráficos, la interpretación de datos, cronogramas, líneas del tiempo, calendarios, el respeto a la veracidad de los datos, etc. son aspectos que se incorporarían de manera transversal en áreas como *Conocimiento del Medio Natural, Social y Cultural, Lengua Extranjera, Descubrimiento y Exploración del entorno, Comunicación y Representación de la Realidad* etc., dependiendo si hablamos de Educación Infantil o Educación Primaria.

Esto requiere un importante esfuerzo de cooperación docente, ya que, por ejemplo, la persona a cargo de *Lengua Extranjera* ha de conocer el nivel de conocimiento interpretativo de su alumnado antes de utilizar gráficos y conceptos estadísticos. En este caso las programaciones didácticas de Matemáticas y de *Lengua Extranjera* son interdependientes y han de tener cierta correlación.

A continuación se ofrecen dos ejemplos prácticos en los que se adaptan varias competencias clave a los contextos, muy distintos, que proveen diferentes áreas.

## EJEMPLO 4.3.

## Las competencias clave en Crecimiento en Armonía (Educación Infantil)

Todas las competencias clave se desarrollarán a lo largo de toda la etapa de Educación Infantil. El área de Crecimiento en Armonía contribuirá de forma explícita a este desarrollo, de acuerdo a la siguiente tabla en la que se relacionan competencias específicas y competencias clave.

| Crecimiento en Armonía | | | | | | | | |
|---|---|---|---|---|---|---|---|---|
| Competencias específicas (CoEs) | Competencias clave | | | | | | | |
| | CCL | CP | STEM | CD | CPSAA | CC | CE | CCEC |
| 1 - Progresar en el conocimiento y en la adquisición de distintas estrategias… | | | X | | X | X | | |
| 2 - Reconocer, manifestar y regular progresivamente sus emociones… | X | X | | | X | X | | |
| 3 - Adoptar modelos, normas y hábitos, desarrollando la confianza… | | | | | X | X | X | |
| 4 - Establecer interacciones sociales en condiciones de igualdad… | X | X | | | | X | | |

- Competencia en comunicación lingüística (CCL). Tras reconocer, manifestar y regular progresivamente sus emociones (CoEs2) y establecer interacciones sociales en condiciones de igualdad (CoEs4), los niños y las niñas desarrollarán la competencia en comunicación lingüística.
- Competencia personal, social y de aprender a aprender (CPSAA). Al progresar en el conocimiento y adquisición de distintas estrategias, adecuando sus acciones a la realidad (CoEs1), al reconocer, manifestar y regular progresivamente sus emociones (CoEs2), y al adoptar modelos, normas y hábitos, desarrollando la confianza en sus posibilidades (CoEs3), los niños y las niñas desarrollarán la competencia personal, social y de aprender a aprender.
- Competencia emprendedora (CE). Al adoptar modelos, normas y hábitos, desarrollando la confianza en sus posibilidades y sentimientos de logro (CoEs3), los niños y las niñas desarrollarán la competencia emprendedora.

 EJEMPLO 4.4.

## Las competencias clave en Lengua Extranjera
## (Educación Primaria)

Todas las competencias clave se desarrollarán a lo largo de toda la etapa de Educación Primaria. El área de Lengua Extranjera contribuirá a este desarrollo, de acuerdo a la siguiente tabla en la que se relacionan competencias específicas y descriptores operativos de competencias clave.

| Lengua Extranjera | | | | | | | | |
|---|---|---|---|---|---|---|---|---|
| Competencias clave | CCL | CP | STEM | CD | CPSAA | CC | CE | CCEC |
| Competencias específicas (CoEs) | Número de descriptor operativo asociado a cada competencia clave | | | | | | | |
| 1 - Comprender el sentido general e información específica… | 2, 3 | 1,2 | 1 | 1 | 5 | | | 2 |
| 2 - Producir textos sencillos de manera comprensible y estructurada… y responder a propósitos comunicativos cotidianos. | 1 | 1, 2 | 1 | 2 | 5 | | 1 | 4 |
| 3 - Interactuar con otras personas… recurriendo a estrategias de cooperación y empleando recursos analógicos y digitales… | 5 | 1, 2 | 1 | | 3 | 3 | 1, 3 | |
| 4 - Mediar en situaciones predecibles… para procesar y transmitir información básica y sencilla… | 5 | 1, 2, 3 | 1 | | 1, 3 | | | 1 |
| 5 - Mejorar la respuesta a necesidades comunicativas… | | 2 | 1 | 2 | 1, 4, 5 | | 3 | |
| 6 - Apreciar y respetar la diversidad lingüística… | 5 | 3 | | | 1, 3 | 2, 3 | | 1 |

- Competencia en comunicación lingüística (CCL). Al comprender el sentido general de información específica y predecible de textos breves y sencillos (CoEs1), producir textos de manera simple y estructurada (CoEs2), interactuar con otras personas usando expresiones cotidianas

(CoEs3), mediar en situaciones predecibles para procesar y transmitir información básica y sencilla (CoEs4) y apreciar y respetar la diversidad lingüística a partir de la lengua extranjera (CoEs6), los niños y las niñas desarrollarán la competencia en comunicación lingüística.

- Competencia ciudadana (CC). Al interactuar con otras personas usando expresiones cotidianas (CoEs3), y al apreciar y respetar la diversidad lingüística a partir de la lengua extranjera para aprender y gestionar situaciones interculturales (CoEs6), los niños y las niñas desarrollarán la competencia ciudadana.

Todas las competencias clave que se incluyan en este apartado de la programación didáctica deben desarrollarse necesariamente en las situaciones de aprendizaje y en los apartados «Orientaciones metodológicas» y «Eva-

luación del y para el aprendizaje». En caso contrario, este apartado sería una simple declaración de intenciones y su efecto sobre el proceso de enseñanza y aprendizaje sería superfluo y muy poco práctico.

## Reflexión

*Un enfoque competencial más allá de las competencias clave*

El desarrollo curricular para la Educación Infantil y Primaria tiene como uno de sus pilares fundamentales la extensión del enfoque curricular más allá de las competencias clave. Esto implica definir los aprendizajes esenciales (elementos curriculares) de las áreas o ámbitos en términos de competencias específicas. Estas competencias específicas están vinculadas a las competencias clave, pero también:

1. A los retos y desafíos a los que el alumnado tendrá que hacer frente en su vida adulta.
2. A los saberes (saber, saber hacer y saber ser).
3. A los criterios o estándares de ejecución.
4. A las demandas globales y locales.

Todo ello se enfoca a garantizar que el alumnado alcance un determinado Perfil de salida al término de la educación obligatoria. En definitiva, este Perfil incluye el desarrollo competencial necesario para superar los obstáculos a los que se enfrentarán en su devenir personal y profesional.

En base al concepto de Perfil de salida proponemos que se planteen y, por tanto, que se adapten las competencias clave de cada área o ámbito teniendo en cuenta la relación entre estas y las competencias específicas, en el caso de Educación Infantil, y entre los descriptores operativos y las competencias específicas, en el caso de Educación Primaria. En el apartado de «Evaluación del y para el aprendizaje» de la programación debería reflexionarse sobre la forma de abordar la evaluación de las competencias específicas de cada área en el caso de Educación Infantil y de las competencias específicas y los descriptores de las competencias clave asociadas en cada área de Educación Primaria. En este libro, esta propuesta se analizará con detalle en el capítulo homónimo.

## Reflexión

*Una cuestión cooperativa de centro*

Atendiendo a la autonomía que se le otorga a los centros educativos y a la transversalidad del Perfil de salida y de las competencias clave, es razonable que estas se aborden de manera cooperativa y global a través de situaciones de aprendizaje que movilicen de manera holística varias áreas o ámbitos.

En el apartado anterior se ha propuesto reflexionar respecto a la relación entre las competencias clave y el área o ámbito objeto de la programación didáctica. Esta reflexión permitirá al profesorado contextualizarla (desarrollo didáctico y evaluación) atendiendo a su relación con las competencias clave. Ahora bien, este desarrollo específico de las competencias clave en cada área o ámbito podría complementarse a través de un enfoque integrado del centro educativo. Para ello, se propone que cada centro facilite situaciones de aprendizaje cuyo objetivo fundamental sea el desarrollo y la evaluación de las competencias clave, dejando de lado las competencias específicas, que ya han tenido su papel principal en cada una de ellas.

Estas situaciones de aprendizaje globales podrían plantearse como:

- Proyectos interdisciplinares, planteados como un área independiente que se desarrolle durante todo el curso.
- Proyectos interdisciplinares (incluso internivelares) planteados en el marco de un cambio global del horario compartimentado en áreas y ámbitos durante un tiempo determinado, por ejemplo, durante las dos últimas semanas de cada trimestre.
- Proyectos interdisciplinares (incluso internivelares) planteados en el marco de un cambio global del horario compartimentado en áreas y ámbitos desarrollados durante todo el curso.

# Capítulo V.

## Competencias específicas y situaciones de aprendizaje

> «Oigo y olvido. Veo y recuerdo. Hago y aprendo»
>
> Confucio (ha. 551 - ha. 479 a.C.

Existen muchas formas de diseñar y desarrollar una programación didáctica. Como se adelantó en el capítulo IV, este libro parte de la legislación vigente y sigue un enfoque competencial. Esto implica que los contenidos o saberes básicos dejan de ser el centro neurálgico del proceso de enseñanza y aprendizaje, y se deben trabajar de forma integrada en la medida en que dan respuesta a la resolución de diferentes situaciones de aprendizaje.

Una programación didáctica basada en las competencias es una programación que no está centrada tanto en el saber, sino más bien en el eje transversal que se establece entre el saber, saber hacer y saber ser. Es decir, no se trata tanto de aprender conceptos (saberes básicos), sino de aprender a resolver situaciones de aprendizaje (saber hacer) aplicando los conceptos adquiridos (saber) y de una manera adecuada al contexto (saber ser). Para conseguir esto, la programación didáctica debe plantear situaciones de aprendizaje que impliquen, por ejemplo, recordar, comprender, aplicar, analizar, evaluar, crear... de forma que la repetición y memorización de saberes básicos tenga un papel complementario.

De este modo, se ha de pasar de la forma tradicional de programar, centrada en los contenidos, a una programación que al ser competencial está centrada en las competencias específicas y sus criterios de evaluación. Con este cambio el proceso de enseñanza y aprendizaje se centra en qué debe saber el alumnado para saber hacer y no en la simple transmisión de conocimientos.

Este es un cambio mayor, por eso se habla de «cambio de paradigma» y con esto implica que todos los elementos de una programación didáctica se van a ver afectados. Por tanto, este enfoque competencial requiere necesariamente un cambio en la metodología, en la estructura de las diferentes situaciones de aprendizaje que la conforman, y en la forma de evaluar. La estructura de las situaciones de aprendizaje y su desarrollo se deducirán de las competencias específicas y sus criterios de evaluación y no de los contenidos o saberes básicos.

Tal y como señala el artículo 2 de los reales decretos de ordenación y enseñanzas mínimas, «los criterios de evaluación son los referentes que determinan los niveles de desempeño esperados en el alumnado en las situaciones o actividades a las que se refieren las competencias específicas de cada materia o ámbito». Por tanto, estos criterios han de ser la base, no solo de la evaluación, sino de todo el proceso de enseñanza y aprendizaje, y de hecho son la piedra angular de una programación didáctica coherente, bien estructurada y adecuada a la norma.

Se sustituyen las tradicionales unidades didácticas por las situaciones de aprendizaje, entendidas estas como unidades de programación, es decir, un compendio de actividades y circunstancias que implican el despliegue por parte del alumnado de actuaciones asociadas a las competencias clave y competencias específicas y que contribuyen a la adquisición y desarrollo de estas.

Para deducir las situaciones de aprendizaje (SSAA) y desarrollar las tablas de cada situación de aprendizaje (SA) se propone el siguiente proceso:

1. Analizar las competencias específicas de cada área o ámbito y sus criterios de evaluación, para posteriormente deducir las SSAA necesarias y poder desarrollarlas en el aula (mapa general de SSAA).

2. Diseñar las tablas específicas de cada SA, definiendo, relacionando y deduciendo, en cada caso y para cada una de ellas, los siguientes elementos:

   a. Competencias específicas y criterios de evaluación.
   b. Objetivos generales y del centro.
   c. Competencias clave y descriptores.
   d. Saberes básicos y saberes deseables.
   e. Estrategias didácticas para la enseñanza y el aprendizaje.
   f. Evaluación (técnicas e instrumentos).

3. Definir la distribución temporal de acuerdo a la relevancia que se considere oportuna otorgar a cada SA.
4. Establecer los recursos necesarios para llevar a la práctica cada SA.

## 5.1. Mapa general de SSAA

Puesto que el mapa de las SSAA ha de deducirse a partir de las competencias específicas y sus criterios de evaluación, el análisis de estos elementos curriculares es esencial. Se han de conocer los criterios de evaluación que corresponden a un área y un curso en concreto para utilizarlos como base de las SSAA.

Cada área viene dividida en varias competencias específicas. Esto facilita el análisis de los criterios de evaluación, ya que puede seguirse esta división en competencias específicas de forma que siempre haya una de ellas transversal que se desarrolle en una o en otra SA en función de la metodología que se utilice. En cualquier caso, todos los criterios de evaluación han de aparecer en la programación, y por tanto cada uno de ellos ha de asociarse al menos a una SA. De un modo análogo, todas las SSAA deben tener al menos un criterio de evaluación asociado.

Es decir, un mismo criterio de evaluación puede aparecer en varias SSAA, si el profesorado lo considera pertinente, pero no es posible excluir uno de los criterios de evaluación de la programación; todos han de utilizarse para la evaluación en algún momento del curso, aunque corresponde al profesorado otorgar a cada criterio de evaluación el peso específico que considere oportuno, y por esto aquellos más relevantes pueden asociarse a varias SSAA.

En la tabla 5.1 se propone una estructura de relación entre competencias específicas, criterios de evaluación y SSAA. Las competencias específicas y los criterios de evaluación son los que aparecen en la legislación. Las SSAA deberán ser desarrolladas por el profesor o profesora especialista en el área o ámbito.

En función del tipo de área o ámbito y del enfoque que le quiera aportar el centro educativo y/o el profesorado, la relación entre las SSAA y las competencias específicas y criterios de evaluación será más o menos secuencial.

El objetivo de este mapa general es el de aportar una visión global de todas las SSAA planificadas para el área o ámbito en un curso determinado y comprobar que todas las competencias específicas y sus criterios de evaluación se desarrollan en una u otra SA.

## Tabla 5.1. Mapa general de SSAA

| Situaciones de Aprendizaje | | Área o ámbito - curso | | | | | | | | | | | | | | | | | | | | | | | | |
| --- | --- | --- | --- | --- | --- | --- | --- | --- | --- | --- | --- | --- | --- | --- | --- | --- | --- | --- | --- | --- | --- | --- | --- | --- | --- | --- |
| | | Competencia Específica 1 | | | | Competencia Específica 2 | | | | Competencia Específica 3 | | | | Competencia Específica 4 | | | | Competencia Específica 5 | | | | Competencia Específica 6 | | | |
| | | Criterios de evaluación (referencias) | | | | | | | | | | | | | | | | | | | | | | | | |
| Núm. | Título | 1.1. | 1.2. | 1.3. | 1.4. | 2.1 | 2.2. | 2.3. | 2.4. | 3.1. | 3.2. | 3.3. | 3.4. | 4.1. | 4.2. | 4.3. | 4.4. | 5.1. | 5.2. | 5.3. | 5.4. | 6.1. | 6.2. | 6.3. | 6.4. |
| 1 | | | | | | | | | | | | | | | | | | | | | | | | | |
| 2 | | | | | | | | | | | | | | | | | | | | | | | | | |
| 3 | | | | | | | | | | | | | | | | | | | | | | | | | |
| 4 | | | | | | | | | | | | | | | | | | | | | | | | | |
| 5 | | | | | | | | | | | | | | | | | | | | | | | | | |
| 6 | | | | | | | | | | | | | | | | | | | | | | | | | |
| 7 | | | | | | | | | | | | | | | | | | | | | | | | | |
| 8 | | | | | | | | | | | | | | | | | | | | | | | | | |
| 9 | | | | | | | | | | | | | | | | | | | | | | | | | |
| 10 | | | | | | | | | | | | | | | | | | | | | | | | | |

Competencias específicas y Criterios de evaluación (referencias y descripción textual)

Competencia específica 1

Competencia específica 2

Competencia específica 3

Competencia específica 4

Competencia específica 5

Competencia específica 6

## Reflexión

Antes de elaborar el mapa de SSAA, recomendamos:

1. Leer atentamente el anexo III («Situaciones de aprendizaje») de los reales decretos de ordenación y enseñanzas mínimas. Esta lectura nos aportará una visión global del enfoque que debería tener el desarrollo de las situaciones de aprendizaje específicas de cada área o ámbito.

2. Relacionar competencias específicas, criterios de evaluación y saberes básicos de cada área o ámbito. Se trata de un ejercicio de análisis que debe realizar el profesorado responsable.

Para este análisis puede utilizarse una tabla con tres columnas como la siguiente:

| Área o ámbito - curso | | |
|---|---|---|
| Competencias específicas | Criterios de evaluación | Saberes básicos |
| | | |
| | | |
| | | |

## EJEMPLO 5.I.

### Tabla ejemplo 5.1. Tabla relacional entre competencias específicas, criterios de evaluación y saberes básicos

#### Educación Física - 4º Educación Primaria

| Competencias específicas | Criterios de evaluación | Saberes básicos |
|---|---|---|
| 1. Adoptar un estilo de vida activo y saludable, practicando regularmente actividades físicas, lúdicas y deportivas, adoptando comportamientos que potencien la salud física, mental y social, así como medidas de responsabilidad individual y colectiva durante la práctica motriz, para interiorizar e integrar hábitos de actividad física sistemática que contribuyan al bienestar. | 1.1 Reconocer la actividad física como alternativa de ocio saludable, identificando desplazamientos activos y sostenibles y conociendo los efectos beneficiosos a nivel físico y mental que posee adoptar un estilo de vida activo.<br>1.2 Aplicar medidas de educación postural, alimentación saludable, higiene corporal y preparación de la práctica motriz, asumiendo responsabilidades y generando hábitos y rutinas en situaciones cotidianas.<br>1.3 Tomar medidas de precaución y prevención de lesiones en relación con la conservación y el mantenimiento del material en el marco de distintas prácticas físico-deportivas, conociendo protocolos básicos de actuación ante accidentes que se puedan producir en este contexto.<br>1.4 Reconocer la propia imagen corporal y la de los demás, aceptando y respetando las diferencias individuales que puedan existir, superando y rechazando las conductas discriminatorias que se puedan producir en contextos de práctica motriz. | A. Vida activa y saludable.<br>- Salud física: efectos físicos y psicológicos beneficiosos de un estilo de vida activo. Características de alimentos naturales, procesados y ultraprocesados. Educación postural en acciones motrices habituales. Factores básicos que inciden en el cuidado del cuerpo.<br>- Salud mental: respeto y aceptación del propio cuerpo. Autoconocimiento e identificación de fortalezas, debilidades, posibilidades y limitaciones en todos los ámbitos (social, físico y mental).<br>- Salud social: la actividad física como hábito y alternativa saludable frente a formas de ocio nocivas. Límites para evitar una competitividad desmedida. Aceptación de distintas tipologías corporales, para practicar, en igualdad, diversidad de actividades físico-deportivas. |
| 2. Adaptar los elementos propios del esquema corporal, las capacidades físicas, perceptivo-motrices y coordinativas, así como las habilidades y destrezas motrices, aplicando procesos de percepción, decisión y ejecución adecuados a la lógica interna y a los objetivos de diferentes situaciones, para dar respuesta a las demandas de proyectos motores y de prácticas motrices con distintas finalidades en contextos de la vida diaria. | 2.1 Llevar a cabo proyectos motores de carácter individual, cooperativo o colaborativo, emplando estrategias de monitorización y seguimiento que permitan analizar los resultados obtenidos.<br>2.2 Adoptar decisiones en situaciones lúdicas, juegos y actividades deportivas, ajustándose a las demandas derivadas de los objetivos motores, de las características del grupo y de la lógica interna de situaciones individuales, de cooperación, de oposición o de colaboración-oposición, en contextos simulados de actuación.<br>2.3 Emplear los componentes cualitativos y cuantitativos de la motricidad de manera eficiente y creativa en distintos contextos y situaciones motrices, adquiriendo un progresivo control y dominio corporal sobre ellos. | B. Organización y gestión de la actividad física.<br>- Elección de la práctica física: usos y finalidades catárticos, lúdico-recreativos y cooperativos. Respeto de las elecciones de los demás.<br>- Cuidado y preparación del material según la actividad a desarrollar.<br>- Pautas de higiene personal relacionadas con la actividad física.<br>- Planificación y autorregulación de proyectos motores: mecanismos básicos para ejecutar lo planificado.<br>- Prevención de accidentes en las prácticas motrices: mecanismos de prevención y control corporal para la prevención de lesiones. |
| 3. Desarrollar procesos de autorregulación e interacción en el marco de la práctica motriz, con actitud empática e inclusiva, haciendo uso de habilidades sociales y actitudes de cooperación, respeto, trabajo en equipo y deportividad, con independencia de las diferencias etnoculturales, sociales, de género y de habilidad de los participantes, para contribuir a la convivencia y al compromiso ético en los diferentes espacios en los que se participa. | 3.1 Mostrar una disposición positiva hacia la práctica física y hacia el esfuerzo, controlando la impulsividad y las emociones negativas que surjan en contextos de actividad motriz.<br>3.2 Respetar las normas consensuadas en clase, así como las reglas de juego, y actuar desde los parámetros de la deportividad y el juego limpio, valorando la aportación de los participantes.<br>3.3 Desarrollar habilidades sociales de acogida, inclusión, ayuda y cooperación al participar en prácticas motrices variadas, resolviendo los conflictos individuales y colectivos de forma dialógica y justa, mostrando un compromiso activo frente a los estereotipos, las actuaciones discriminatorias y cualquier tipo de violencia. | C. Resolución de problemas en situaciones motrices.<br>- Toma de decisiones: distribución racional del esfuerzo en situaciones motrices individuales. Ubicación en el espacio en situaciones cooperativas. Ubicación en el espacio y reubicación tras cada acción en situaciones motrices de persecución y de interacción con un móvil. Anticipación a las decisiones ofensivas del adversario en situaciones de oposición o de interacción con un móvil.<br>- Capacidades perceptivo-motrices en contexto de práctica: integración del esquema corporal, control tónico-postural e independencia segmentaria en situaciones motrices. Definición de la lateralidad. Coordinación dinámica general y segmentaria.<br>- Capacidades condicionales: capacidades físicas básicas.<br>- Habilidades y destrezas motrices básicas genéricas: locomotrices, no locomotrices y manipulativas. Combinación de habilidades.<br>- Creatividad motriz: variación y adecuación de la acción motriz ante estímulos internos y externos.<br>D. Autorregulación emocional e interacción social en situaciones motrices.<br>- Gestión emocional: reconocimiento de emociones propias, pensamientos y sentimientos a partir de experiencias motrices.<br>- Habilidades sociales: escucha activa y estrategias de negociación para la resolución de conflictos en contextos motrices.<br>- Concepto de deportividad.<br>- Conductas contrarias a la convivencia en situaciones motrices (discriminación por cuestiones de competencia motriz, etnia, género u otras): efectos negativos y estrategias de identificación, abordaje y evitación. |

| Educación Física - 4º Educación Primaria | | |
|---|---|---|
| Competencias específicas | Criterios de evaluación | Saberes básicos |
| 4. Reconocer y practicar diferentes manifestaciones lúdicas, físico-deportivas y artístico-expresivas propias de la cultura motriz, valorando su influencia y sus aportaciones estéticas y creativas a la cultura tradicional y contemporánea, para integrarlas en las situaciones motrices que se utilizan regularmente en la vida cotidiana. | 4.1 Participar activamente en juegos motores y otras manifestaciones artístico-expresivas con arraigo en la cultura propia, tradicional o actual, así como otros procedentes de diversas culturas, contextualizando su origen, su aparición y su transmisión a lo largo del tiempo y valorando su importancia, repercusión e influencia en las sociedades pasadas y presentes. <br><br> 4.2 Asumir una visión abierta del deporte a partir del conocimiento de distintas ligas femeninas, masculinas o mixtas, acercándose al deporte federado e identificando comportamientos contrarios a la convivencia independientemente del contexto en el que tengan lugar. <br><br> 4.3 Reproducir distintas combinaciones de movimientos o coreografías individuales y grupales que incorporen prácticas comunicativas que transmitan sentimientos, emociones o ideas a través del cuerpo, empleando los distintos recursos expresivos y rítmicos de la corporalidad. | E. Manifestaciones de la cultura motriz. <br> − Aportaciones de la cultura motriz a la herencia cultural. Los juegos y las danzas como manifestación de la interculturalidad. <br> − Usos comunicativos de la corporalidad: comunicación de sensaciones, sentimientos, emociones e ideas simples. <br> − Práctica de actividades rítmico-musicales con carácter expresivo. <br> − Deporte y perspectiva de género: ligas masculinas, femeninas y mixtas de distintos deportes. Referentes en el deporte de distintos géneros. |
| 5. Valorar diferentes medios naturales y urbanos como contextos de práctica motriz, interactuando con ellos y comprendiendo la importancia de su conservación desde un enfoque sostenible, adoptando medidas de responsabilidad individual durante la práctica de juegos y actividades físico-deportivas, para realizar una práctica eficiente y respetuosa con el entorno y participar en su cuidado y mejora. | 5.1 Desarrollar una práctica motriz segura en contextos naturales y urbanos de carácter terrestre o acuático, adecuando las acciones al análisis de cada situación y aplicando medidas de conservación ambiental. | F. Interacción eficiente y sostenible con el entorno. <br> − Normas de uso: educación vial para bicicletas. Movilidad segura, saludable y sostenible. <br> − Espacios naturales en el contexto urbano: uso, disfrute seguro y mantenimiento. <br> − Estado del material para actividades en el medio natural y urbano: valoración previa y actuación ante desperfectos. <br> − Prevención y sensibilización sobre la generación de residuos y su correcta gestión. <br> − Realización de actividades físicas seguras en el medio natural y urbano. <br> − Cuidado del entorno próximo y de los animales y plantas que en él conviven como servicio a la comunidad, durante la práctica segura de actividades físicas en el medio natural y urbano. |
| 6. Analizar procesos tecnológicos, teniendo en cuenta su impacto en la sociedad y el entorno y aplicando criterios de sostenibilidad y accesibilidad, para hacer un uso ético y ecosocialmente responsable de la tecnología. | 6.1 Hacer un uso responsable de la tecnología, mediante el análisis y aplicación de criterios de sostenibilidad y accesibilidad en la selección de materiales y en el diseño de estos, así como en los procesos de fabricación de productos tecnológicos, minimizando el impacto negativo en la sociedad y en el planeta. <br><br> 6.2 Analizar los beneficios que, en el cuidado del entorno, aportan la arquitectura bioclimática y el ecotransporte, valorando la contribución de las tecnologías al desarrollo sostenible. <br><br> 6.3 Identificar y valorar la repercusión y los beneficios del desarrollo de proyectos tecnológicos de carácter social por medio de comunidades abiertas, acciones de voluntariado o proyectos de servicio a la comunidad. | D. Tecnología sostenible. <br> − Sostenibilidad y accesibilidad en la selección de materiales y diseño de procesos, de productos y sistemas tecnológicos. <br> − Arquitectura bioclimática y sostenible. Ahorro energético en edificios. <br> − Transporte y sostenibilidad. <br> − Comunidades abiertas, voluntariado tecnológico y proyectos de servicio a la comunidad." |

A continuación se ofrecen dos ejemplos de posibles mapas generales de SSAA:

EJEMPLO 5.2.

## Tabla ejemplo 5.2. Mapa de aprendizajes de crecimiento en armonía de 2° ciclo de Educación Infantil

**Crecimiento en armonía de 2° ciclo de Educación Infantil**

| Núm. | Situaciones de Aprendizaje — Título | CEsp1 1.1. | 1.2. | 1.3. | 1.4. | CEsp2 2.1. | 2.2. | 2.3. | CEsp3 3.1. | 3.2. | CEsp4 4.1. | 4.2. | 4.3. |
|---|---|---|---|---|---|---|---|---|---|---|---|---|---|
| | | Criterios de evaluación (referencias) | | | | | | | | | | | |
| 1 | **«Si te conozco a ti me conozco a mí»** (Adecuación de las acciones y reacciones a cada situación respetando el propio cuerpo y el de los demás, mostrando aptitud emocional, seguridad y afecto). | X | X | X | | | | | | | | | |
| 2 | **«Aprendemos a hablar de nosotros mismos»** (Manifestación de una aptitud emocional adecuada, segura y afectuosa, expresando emociones y sentimientos de manera progresiva, relacionándose con las demás personas y mostrando afecto y adquiriendo nociones temporales básicas para ubicarse en el tiempo). | | | X | X | X | X | | | | | | |
| 3 | **El paraje natural «AAA»** (Incorporación de estrategias y hábitos relacionados con el cuidado del entorno relacionándose con los demás de manera libre, respetuosa y segura y afrontando las adversidades mostrando actitudes de superación). | | | | | | X | X | X | | | | |
| 4 | **«¿Por qué hay que separar la basura?»** (Incorporación de estrategias y hábitos relacionados con el cuidado del entorno y reconocer y anticipar la sucesión temporal de actividades que estructuran la dinámica cotidiana). | | | | | | | | X | X | | | |
| 5 | **«Juega conmigo»** (Establecimiento de vínculos saludables, demostrando actitudes de afecto, reproduciendo conductas y situaciones observadas en tu entorno próximo, basadas en el respeto y la empatía, iniciándose en la resolución de conflictos con sus iguales y reconociendo y anticipando los ritmos biológicos y pautas socioculturales que estructuran la dinámica cotidiana). | | | | | | | | | | X | X | X |

**Real Decreto 95/2022, de 1 de febrero, por el que se establece la ordenación y las enseñanzas mínimas de la Educación Infantil. Anexo II - Crecimiento en armonía (pág. 13)**

En este área se definen cuatro competencias específicas, con un total de doce criterios de evaluación.

**Competencias específicas y Criterios de evaluación (referencias y descripción textual)**

1. Progresar en el conocimiento y control de su cuerpo y en la adquisición de distintas estrategias, adecuando sus acciones a la realidad del entorno de una manera segura, para construir una autoimagen ajustada y positiva.

    1.1. Adecuar sus acciones y reacciones a cada situación, en una interacción lúdica y espontánea con el entorno, explorando sus posibilidades motoras y perceptivas y progresando en precisión, seguridad, coordinación e intencionalidad.

    1.2. Mostrar aceptación y respeto por el cuerpo propio y por el cuerpo de las demás personas, mejorando progresivamente en su conocimiento.

    1.3. Manifestar aptitud emocional y sentimientos de seguridad y afecto en la realización de cada acción.

    1.4. Adquirir nociones temporales básicas para ubicarse en el tiempo a través de las actividades y rutinas de la vida cotidiana, así como de otros acontecimientos.

2. Reconocer, manifestar y regular progresivamente sus emociones, expresando necesidades y sentimientos para lograr bienestar emocional y seguridad afectiva.

    2.1. Expresar emociones y sentimientos desarrollando de manera progresiva la conciencia emocional y estrategias de regulación emocional.

    2.2. Relacionarse con las otras personas aceptando y mostrando afecto de manera libre, segura, respetuosa y alejada de todo tipo de estereotipos.

    2.3. Afrontar pequeñas adversidades manifestando actitudes de superación, así como solicitando y prestando ayuda.

3. Adoptar modelos, normas y hábitos, desarrollando la confianza en sus posibilidades y sentimientos de logro, para promover un estilo de vida saludable y ecosocialmente responsable.

    3.1 Incorporar estrategias y hábitos relacionados con el cuidado del entorno y el autocuidado, manifestando satisfacción por los beneficios que le aportan.

    3.2 Reconocer y anticipar la sucesión temporal de actividades, ritmos biológicos y pautas socioculturales que estructuran la dinámica cotidiana, asociándola a elementos, procedimientos y actitudes concretas.

4. Establecer interacciones sociales en condiciones de igualdad, valorando la importancia de la amistad, el respeto y la empatía, para construir su propia identidad basada en valores democráticos y de respeto a los derechos humanos.

    4.1. Establecer vínculos y relaciones de apego saludables, demostrando actitudes de afecto y empatía hacia las demás personas y respetando los distintos ritmos individuales.

    4.2. Reproducir conductas y situaciones previamente observadas en su entorno próximo, basadas en el respeto, la empatía, la igualdad de género, el trato no discriminatorio a las personas con discapacidad y el respeto a los derechos humanos, a través del juego de imitación.

    4.3. Iniciarse en la resolución de conflictos con sus iguales, con la mediación de la persona adulta, experimentando los beneficios de llegar a acuerdos.

## EJEMPLO 5.3.

**Tabla ejemplo 5.3. Mapa de aprendizajes de Lengua Castellana y Literatura para 6º de Educación Primaria**

Lengua Castellana y Literatura para 6º de Educación Primaria

Criterios de evaluación (referencias)

| Situaciones de Aprendizaje | | CEsp1 | | CEsp2 | CEsp3 | | CEsp4 | | CEsp5 | CEsp6 | | | CEsp7 | | CEsp8 | | CEsp9 | | CEsp10 | |
|---|---|---|---|---|---|---|---|---|---|---|---|---|---|---|---|---|---|---|---|---|
| Núm. | Título | 1.1 | 1.2 | 2.1 | 3.1 | 3.2 | 4.1 | 4.2 | 5.1 | 6.1 | 6.2 | 6.3 | 7.1 | 7.2 | 8.1 | 8.2 | 9.1 | 9.2 | 10.1 | 10.2 |
| 1 | **«Vida y obra de Ramón María del Valle-Inclán»** (Comprensión , interpretación y producción de textos orales) | | | X | X | X | | | | | | | | | | | | | | | |
| 2 | **«Los medios de comunicación»** (Comprensión, interpretación y producción de textos escritos multimodales). | | | | | | X | X | X | | | | | | | | | | | | |
| 3 | **«La lectura y tú»** (Lectura autónoma). | | | | | | | | | | | | X | X | X | X | | | | | |
| 4 | **«Parábola del nacimiento»** (Reconocimiento de la diversidad lingüística) | X | X | | | | | | | | | | | | | | | | | | |
| 5 | **«La llave de Cervantes»** (Búsqueda, selección y localización de información contrastada). | | | | | | | | | X | X | X | | | | | | | | | |
| 6 | **Taller de teatro «Como improvisar en la escuela»** (Utilización de prácticas comunicativas al servicio de la convivencia democrática). | | | | | | | | | | | | | | | | X | X | | | |
| 7 | **Revista escolar «Hagamos literatura»** (Reflexión guiada) | | | | | | | | | | | | | | | | | | X | X | |

Real Decreto 157/2022, de 1 de marzo, por el que se establecen la ordenación y las enseñanzas mínimas de la Educación Primaria. Anexo II - Lengua Castellana y Literatura (Sec. I, Pág. 24457)

En este área se definen diez competencias específicas, con un total de diecinueve criterios de evaluación.

**Competencias específicas y Criterios de evaluación (referencias y descripción textual)**

1. Reconocer la diversidad lingüística del mundo a partir de la identificación de las lenguas del alumnado y de la realidad plurilingüe y multicultural de España, para favorecer la reflexión interlingüística, para identificar y rechazar estereotipos y prejuicios lingüísticos y para valorar dicha diversidad como fuente de riqueza cultural.

  1.1 Mostrar interés y respeto a las distintas lenguas y variedades dialectales, identificando las características fundamentales de las de su entorno geográfico, así como algunos rasgos de los dialectos y lenguas familiares del alumnado.

  1.2 Detectar, con autonomía creciente y en contextos próximos, prejuicios y estereotipos lingüísticos frecuentes, aportando alternativas y valorando la diversidad lingüística del mundo como una fuente de riqueza cultural.

2. Comprender e interpretar textos orales y multimodales, identificando el sentido general y la información más relevante y valorando con ayuda aspectos formales y de contenido básicos, para construir conocimiento y responder a diferentes necesidades comunicativas.

  2.1 Comprender el sentido de textos orales y multimodales sencillos, reconociendo las ideas principales y los mensajes explícitos e implícitos, valorando su contenido y los elementos no verbales elementales y, de manera acompañada, algunos elementos formales elementales.

3. Producir textos orales y multimodales, con coherencia, claridad y registro adecuados, para expresar ideas, sentimientos y conceptos; construir conocimiento; establecer vínculos personales; y participar con autonomía y una actitud cooperativa y empática en interacciones orales variadas.

  3.1 Producir textos orales y multimodales, de manera autónoma, coherente y fluida, en contextos formales sencillos y utilizando correctamente recursos verbales y no verbales básicos.

  3.2 Participar en interacciones orales espontáneas o regladas, incorporando estrategias sencillas de escucha activa, de cortesía lingüística y de cooperación conversacional.

4. Comprender e interpretar textos escritos y multimodales, reconociendo el sentido global, las ideas principales y la información explícita e implícita, y realizando con ayuda reflexiones elementales sobre aspectos formales y de contenido, para adquirir y construir conocimiento y para responder a necesidades e intereses comunicativos diversos.

  4.1 Comprender el sentido global y la información relevante de textos escritos y multimodales, realizando inferencias y a partir de estrategias básicas de comprensión antes, durante y después de la lectura.

  4.2 Analizar, de manera acompañada, el contenido y aspectos formales y no formales elementales de textos escritos y multimodales, valorando su contenido y estructura y evaluando su calidad, fiabilidad e idoneidad en función del propósito de lectura.

5. Producir textos escritos y multimodales, con corrección gramatical y ortográfica básicas, secuenciando correctamente los contenidos y aplicando estrategias elementales de planificación, textualización, revisión y edición, para construir conocimiento y para dar respuesta a demandas comunicativas concretas.

  5.1 Producir textos escritos y multimodales de relativa complejidad, con coherencia y adecuación, en distintos soportes, progresando en el uso de las normas gramaticales y ortográficas básicas al servicio de la cohesión textual y movilizando estrategias sencillas, individuales o grupales, de planificación, textualización, revisión y edición.

6. Buscar, seleccionar y contrastar información procedente de dos o más fuentes, de forma planificada y con el debido acompañamiento, evaluando su fiabilidad y reconociendo algunos riesgos de manipulación y desinformación, para transformarla en conocimiento y para comunicarla de manera creativa, adoptando un punto de vista personal y respetuoso con la propiedad intelectual.

  6.1 Localizar, seleccionar y contrastar información de distintas fuentes, incluidas las digitales, citándolas y recreándolas mediante la adaptación creativa de modelos dados.

  6.2 Compartir los resultados de un proceso de investigación sencillo, individual o grupal, sobre algún tema de interés personal o ecosocial, realizado de manera acompañada.

6.3 Adoptar hábitos de uso crítico, seguro, sostenible y saludable de las tecnologías digitales en relación con la búsqueda y la comunicación de la información.

7. Leer de manera autónoma obras diversas seleccionadas atendiendo a sus gustos e intereses, compartiendo las experiencias de lectura, para iniciar la construcción de la identidad lectora, para fomentar el gusto por la lectura como fuente de placer y para disfrutar de su dimensión social.

7.1 Leer de manera autónoma textos de diversos autores y autoras ajustados a sus gustos e intereses, progresando en la construcción de su identidad lectora.

7.2 Compartir la experiencia de lectura, en soportes diversos, participando en comunidades lectoras en el ámbito escolar o social.

8. Leer, interpretar y analizar, de manera acompañada, obras o fragmentos literarios adecuados a su desarrollo, estableciendo relaciones entre ellos e identificando el género literario y sus convenciones fundamentales, para iniciarse en el reconocimiento de la literatura como manifestación artística y fuente de placer, conocimiento e inspiración para crear textos de intención literaria.

8.1 Escuchar y leer de manera acompañada textos literarios adecuados a su edad, que recojan diversidad de autores y autoras, relacionándolos en función de los temas y de aspectos elementales de cada género literario, e interpretándolos, valorándolos y relacionándolos con otras manifestaciones artísticas o culturales de manera progresivamente autónoma.

8.2 Producir, de manera progresivamente autónoma, textos sencillos individuales o colectivos con intención literaria, reelaborando con creatividad los modelos dados, en distintos soportes y complementándolos con otros lenguajes artísticos.

9. Reflexionar de forma guiada sobre el lenguaje a partir de procesos de producción y comprensión de textos en contextos significativos, utilizando la terminología elemental adecuada, para iniciarse en el desarrollo de la conciencia lingüística y para mejorar las destrezas de producción y comprensión oral y escrita.

9.1 Establecer generalizaciones sobre aspectos básicos del funcionamiento de la lengua de manera acompañada, formulando hipótesis y buscando contraejemplos, a partir de la observación, comparación y transformación de palabras, enunciados y textos, en un proceso acompañado de producción o comprensión de textos en contextos significativos.

9.2 Revisar y mejorar los textos propios y ajenos y subsanar algunos problemas de comprensión lectora, de manera progresivamente autónoma, a partir de la reflexión metalingüística e interlingüística y usando la terminología básica adecuada.

10. Poner las propias prácticas comunicativas al servicio de la convivencia democrática utilizando un lenguaje no discriminatorio y detectando y rechazando los abusos de poder a través de la palabra, para favorecer un uso no solo eficaz sino también ético del lenguaje.

10.1 Rechazar los usos lingüísticos discriminatorios y los abusos de poder a través de la palabra identificados mediante la reflexión grupal acompañada sobre distintos aspectos, verbales y no verbales, de la comunicación, teniendo en cuenta una perspectiva de género.

10.2 Movilizar, con la planificación y el acompañamiento necesarios, estrategias básicas para la escucha activa, la comunicación asertiva y la deliberación argumentada, progresando en la gestión dialogada de conflictos.

### Reflexión

1. Del análisis de las diferentes áreas se concluye que existen algunas de ellas en las que la asociación de competencias específicas y criterios de evaluación con los saberes básicos es relativamente sencilla de establecer. En otros casos, la relación no es tan evidente y requiere un esfuerzo extra por parte del profesorado. En cualquier caso, se trata de un ejercicio que recomendamos realizar para poder tener una visión global del área.

2. La estructura final del mapa de SSAA deducida a partir de las competencias específicas y los criterios de evaluación puede ser muy diferente. Podemos encontrar estructuras totalmente secuenciales en las que de cada competencia específica y sus criterios de evaluación se deduzca una o varias SSAA (ejemplo 5.2. Mapa de aprendizajes de crecimiento en armonía de 2º ciclo de Educación Infantil). En otros casos, la estructura del mapa de SSAA no es tan secuencial, y podemos encontrar SSAA asociadas a varias competencias específicas y criterios de evaluación (ejemplo 5.3. Mapa de aprendizajes de Lengua Castellana y Literatura para 3er ciclo de Educación Primaria).

3. Los nombres que hemos empleado en los ejemplos de mapas generales de SSAA (Crecimiento en Armonía para 2.º ciclo de Educación Infantil y Lengua Castellana y Literatura para 6º de Educación Primaria) son excesivamente largos para el título. Hemos utilizado estos nombres para que el lector o lectora pueda identificar de manera fácil la relación con las competencias específicas y los criterios de evaluación asociados, pero recomendamos que los nombres que finalmente se le asignen a cada SA, sean más cortos e incluso atractivos para el alumnado (por ejemplo, los que se han indicado entre «comillas latinas»).

## 5.2. Tabla de SSAA

Una vez que se ha definido el mapa general de las SSAA y se han distribuido todos los criterios de evaluación es el momento de trabajar en el desarrollo de cada SA.

Para materializar este desarrollo es recomendable utilizar un modelo práctico, lo más sencillo posible, de forma que responda a los criterios de evaluación asociados a cada una de las SSAA. Tal es el caso de una tabla que resume la información crítica que corresponde a cada SA:

1. Competencias específicas y criterios de evaluación.
2. Objetivos generales y del centro.
3. Competencias clave y descriptores.
4. Saberes básicos y saberes deseables.
5. Estrategias didácticas para la enseñanza y el aprendizaje.
6. Evaluación (técnicas e instrumentos).

## Reflexión

Como ya recomendamos, de manera previa a la deducción del mapa general de SSAA, deberíamos leer atentamente el anexo III («Situaciones de aprendizaje») de los reales decretos de ordenación y enseñanzas mínimas. Consideramos que la lectura de este anexo nos aportará una visión global del enfoque que debería tener el desarrollo de las SSAA específicas de la materia o ámbito.

Siguiendo con esta propuesta, ahora recomendamos, de manera previa al desarrollo de cada tabla de SA, revisar los desarrollos curriculares específicos de las comunidades autónomas. En algunos casos, por ejemplo en la Comunidad Valenciana o en Galicia, se proponen orientaciones pedagógicas concretas para cada materia. Estas orientaciones nos aportan interesantes ideas respecto a las estrategias didácticas para la enseñanza y el aprendizaje.

## Reflexión

1. En este libro hemos propuesto dos modelos de tabla de SA. Se utilicen estos o cualquier otro, lo importante es que sea acordado en la concreción curricular del centro educativo y que, incluyendo los elementos esenciales, sea lo más sencillo posible.

2. Dentro de las estrategias metodológicas y/o didácticas para la enseñanza y el aprendizaje, cada tabla debe incluir solo las que estén directamente asociadas a esa SA. Por ejemplo, si las referencias al DUA son genéricas para todas las SSAA, deberían incluirse en el apartado general de «Orientaciones metodológicas» o en el de «Inclusión educativa del alumnado con NEAE».

3. Dentro de las estrategias metodológicas y/o didácticas diferenciaremos dos elementos. Por un lado, las estrategias metodológicas (entendidas como una secuencia didáctica). Las consideraremos como un enfoque general de enseñanza y aprendizaje como, por ejemplo, el aprendizaje basado en proyectos (ABP), el aprendizaje servicio (ApS), ludificación, clase invertida, etc. Por otro lado, las estrategias didácticas las consideraremos como una técnica específica que el docente va a utilizar para guiar el proceso de aprendizaje de todo el alumnado como, por ejemplo, la asamblea, el trabajo por grupos cooperativos, el trabajo individual, el trabajo por grupos heterogéneos…

4. Las tablas de SSAA deben incluir orientaciones claras para el diseño de las estrategias didácticas de enseñanza y aprendizaje, pero la concreción de estos elementos didácticos debe realizarse en la programación de aula. Concretar en mayor o menor medida dependerá del centro educativo. Es posible utilizar una estructura como la que plantea el ejemplo 5.5, en la que se detallan las estrategias metodológicas en 5 pasos, o bien si opte por una propuesta más abierta y menos concreta en la que únicamente se indique: «Elaboración de un proyecto de investigación en grupos heterogéneos a través del cual se desarrollen los criterios de evaluación 6.1, 6.2 y 6.3». Ambas propuestas son correctas. Escoger una u otra dependerá del nivel de concreción que decida cada centro educativo.

5. Tras haber diseñado cada una de las tablas de SSAA recomendamos:

   a. Revisar el apartado «Contextualización» y reflexionar respecto a la introducción de posibles mejoras en las SSAA para contextualizar los saberes básicos y atender a la diversidad del alumnado.

   b. Verificar que todos los objetivos, competencias clave, competencias específicas y criterios de evaluación se han tenido en cuenta en, al menos, una SA.

   c. Si fuera necesario, actualizar las SSAA para que se incluyan todos los objetivos y competencias clave indicados en apartados anteriores, así como todas las competencias específicas y todos los criterios de evaluación indicados en el currículo.

   d. Revisar de nuevo el proceso e introducir mejoras. Para ello pueden plantearse preguntas como las siguientes:

     • ¿El mapa general inicial de SSAA es acertado?

     • ¿El número de SSAA es excesivo?

Dos posibles modelos de tabla de SA son los siguientes:

### Tabla 5.2 Tabla de SA. Modelo 1

| Situación de Aprendizaje | Número y nombre de la SA |
|---|---|
| Competencia/s específica/s | Competencia o competencias específicas directamente relacionados con esta SA |
| Criterio/s de evaluación | Criterio o criterios de evaluación directamente relacionados con esta SA |
| **Objetivos** | **Competencias clave y descriptores** |
| Concreción de objetivos generales y aquellos propios del centro educativo que se asocian con esta SA | Competencias clave y descriptores asociadas a la competencia o competencias específicas asociadas a esta SA. |
| **Saberes** | **Estrategias metodológicas y/o didácticas para la enseñanza y el aprendizaje[23]** |
| Saberes básicos asociados a esta SA (los que se indican en el currículo). Si se considera apropiado, se deben incluir también los saberes deseables (concreción curricular de centro). En este caso, se recomienda diferenciar los básicos de los deseables. De este modo se podrá identificar en todo momento los que son estrictamente exigibles a todo el alumnado (los saberes básicos) de los que no lo son (saberes deseables). | Si se utiliza una metodología didáctica donde el alumnado es el protagonista en todo momento (proyectos de investigación, aprendizaje basado en proyectos, etc) se recomienda una propuesta global. Si se utiliza una metodología conductista (explicación – actividades; explicación – actividades, …) se recomienda separar el tipo de actividades (por ejemplo, atendiendo a la Taxonomía de Bloom). En cualquier caso, se recomienda diferenciar entre: <br>• Tareas o actividades de enseñanza y aprendizaje sin calificación. <br>• Tareas o actividades de enseñanza y aprendizaje con calificación. <br>• Tareas o actividades de refuerzo. <br>• Tareas o actividades de profundización. |
| Evaluación | Técnica o técnicas de evaluación. Instrumento o instrumentos de evaluación a utilizar. Si es posible, se recomienda hacer referencia a la concreción curricular del centro educativo. |

23  Las estrategias metodológicas y/o didácticas de las situaciones de aprendizaje deben atender al DUA, a la inclusión educativa y a los derechos a la infancia (LOMLOE). En función de las competencias específicas y de los criterios de evaluación, así como de la estrategia que se emplee, es posible que proceda realizar alguna aclaración en este apartado. Por ejemplo: en el caso de la instrucción directa, convendría tener muy presente el DUA; del mismo modo, en función del análisis interno del grupo-clase, convendría hacer alguna puntualización en cuanto a la operativización práctica de la inclusión educativa y de los derechos de la infancia.

## Tabla 5.3 Tabla de SA. Modelo 2

| Situación de aprendizaje | Número y nombre de la SA | Horas | Horas asignadas |
|---|---|---|---|
| Competencia/s específica/s | Competencia o competencias específicas directamente relacionados con esta SA | | |
| Criterio/s de evaluación | Criterio o criterios de evaluación directamente relacionados con esta SA | | |
| Preconocimiento | Conocimientos previos necesarios para afrontar la SA | | |

| Objetivos | Competencias clave y descriptores |
|---|---|
| Concreción de objetivos generales y aquellos propios del centro educativo que se asocian con esta SA. | Competencias clave y descriptores asociados a la competencia o competencias específicas asociadas a esta SA. |

| Saberes |
|---|
| Saberes básicos asociados a esta SA (los que se indican en el currículo). |
| Si se considera apropiado, se deben incluir también los saberes deseables (concreción curricular de centro). En este caso, se recomienda diferenciar los básicos de los deseables. De este modo se podrá identificar en todo momento los que son estrictamente exigibles a todo el alumnado (los saberes básicos) de los que no lo son (saberes deseables). |

| Estrategias metodológicas y/o didácticas para la enseñanza y el aprendizaje | | |
|---|---|---|
| Orientaciones DUA para la instrucción de los saberes | Tareas o actividades de enseñanza y aprendizaje (sin calificación) | |
| Orientaciones DUA para aquellos saberes que se desarrollen en base a la instrucción por parte del profesorado. Debe contextualizarse este DUA de acuerdo al análisis interno del grupo-clase. | Actividades asociadas a los niveles 1 y 2 de la Taxonomía de Bloom (recordar y reconocer). | |
| Tareas o actividades de enseñanza-aprendizaje (con calificación) | Criterios de evaluación | Evaluación y calificación |
| Actividades asociadas a los niveles 3, 4, 5 y 6 de la Taxonomía de Bloom (aplicar, analizar, evaluar y crear). | | |
| Tareas o actividades de refuerzo | Tareas o actividades de profundización | |
| Actividades asociadas a los niveles 1, 2 y 3 de la Taxonomía de Bloom (recordar, reconocer y aplicar). | Actividades asociadas a los niveles 3, 4, 5 y 6 de la Taxonomía de Bloom (aplicar, analizar, evaluar y crear). | |

## EJEMPLO 5.4.

## Tabla de SA 4 de Crecimiento en Armonía de 2.° ciclo de Educación Infantil

Este ejemplo parte del mapa general del área de Crecimiento en Armonía de 2.° ciclo de Educación Infantil del ejemplo 5.2.

| Situación de Aprendizaje | 5. «Juega conmigo» |
|---|---|
| Competencia específica | 4. Establecer interacciones sociales en condiciones de igualdad, valorando la importancia de la amistad, el respeto y la empatía, para construir su propia identidad basada en valores democráticos y de respeto a los derechos humanos. |
| Criterios de evaluación | 4.1 Establecer vínculos y relaciones de apego saludables, demostrando actitudes de afecto y empatía hacia las demás personas y respetando los distintos ritmos individuales. 4.2 Reproducir conductas y situaciones previamente observadas en su entorno próximo, basadas en el respeto, la empatía, la igualdad de género, el trato no discriminatorio a las personas con discapacidad y el respeto a los derechos humanos, a través del juego de imitación. 4.3 Iniciarse en la resolución de conflictos con sus iguales, con la mediación de la persona adulta, experimentando los beneficios de llegar a acuerdos. |
| Objetivos | Competencias clave |
| Objetivos generales contextualizados para Crecimiento en Armonía: d) (Desarrollar sus capacidades emocionales y afectivas) e) (Relacionarse con los demás en igualdad) f) (Desarrollar habilidades comunicativas) h) (Promover, aplicar y desarrollar las normas sociales) | CCL (Competencia en comunicación lingüística) CPSAA (Competencia personal, social y de aprender a aprender) CD (Competencia ciudadana) |

| Saberes | Estrategias metodológicas y/o didácticas para la enseñanza y el aprendizaje |
| --- | --- |
| D. Interacción socioemocional en el entorno. La vida junto a los demás.<br><br>Habilidades socioafectivas y de convivencia: comunicación de sentimientos y emociones y pautas básicas de convivencia, que incluyan el respeto a la igualdad de género y el rechazo a cualquier tipo de discriminación.<br><br>Estrategias de autorregulación de la conducta. Empatía y respeto.<br><br>Resolución de conflictos surgidos en interacciones con los otros.<br><br>La amistad como elemento protector, de prevención de la violencia y de desarrollo de la cultura de la paz.<br><br>Fórmulas de cortesía e interacción social positiva. Actitud de ayuda y cooperación.<br><br>La respuesta empática a la diversidad debida a distintas formas de discapacidad y a sus implicaciones en la vida cotidiana. | Estrategia/as metodológica/as<br><br>Aprendizaje Servicio (ApS)<br><br>Actividades de preparación (esbozo de la idea, relación con entidades sociales y planificación). En esta etapa se realizará actividades de sensibilización con el alumnado para su motivación o conocimiento, previa a la visita del centro específico de educación especial «AAA», y se planificará la creación y realización de unos juegos para poder realizar con alumnado de diferentes tipos de discapacidad. (6 sesiones)<br><br>Actividades de realización (preparación, ejecución y cierre con el grupo). Práctica de los juegos creados en el centro y posterior visita al centro «AAA» para realizar el encuentro con el alumnado (6 sesiones).<br><br>Actividades de evaluación (evaluación multifocal). Se desarrollará una evaluación grupal del proyecto (coevaluación y autoevaluación). Se evaluará el trabajo en red con el centro «AAA» como un proyecto de aprendizaje-servicio (2 sesiones).<br><br>Orientaciones para la atención a la diversidad y el DUA:<br><br>DUA: (P1. Proporcionar múltiples formas de implicación/ P2. Proporcionar múltiples formas de representación/ P3. Proporcionar múltiples formas de acción y expresión)<br><br>Para el acceso a la información se utilizaran diversos tipos de soportes, tales como vídeos, «flash cards», fotografías, etc.<br><br>Para el procesamiento de la información se apoyará el discurso siempre con imágenes, y los cuentos leídos serán en formato grande, de forma que todo el alumnado pueda seguir la lectura a través de imágenes claras.<br><br>Para la expresión del conocimiento se utilizarán imágenes de apoyo para ayudar a que exista un discurso apropiado. |
| Evaluación | Técnicas:<br>Autoevaluación y coevaluación de las actividades de enseñanza y aprendizaje.<br>Instrumentos:<br>Rúbrica para la autoevaluación y lista de cotejo para la coevaluación.<br>De acuerdo a la concreción curricular de centro:<br>La rúbrica será diseñada de manera cooperativa por el equipo docente a partir de los criterios de evaluación asociados a esta SA y teniendo en cuenta todos y cada uno de los descriptores de las competencias clave, de forma que se valorará en mayor medida el proceso que el resultado final. |

## EJEMPLO 5.5.

## Tabla de SA 5 de Lengua Castellana y Literatura de 6.° de Educación Primaria

Este ejemplo parte del mapa general de la materia de Lengua Castellana y Literatura de 6.° de Educación Primaria propuesto en el ejemplo 5.3.

| Situación de aprendizaje | 5. La llave de Cervantes | Horas | 11 sesiones |
|---|---|---|---|
| Competencias específicas | 6. Buscar, seleccionar y contrastar información procedente de dos o más fuentes, de forma planificada y con el debido acompañamiento, evaluando su fiabilidad y reconociendo algunos riesgos de manipulación y desinformación, para transformarla en conocimiento y para comunicarla de manera creativa, adoptando un punto de vista personal y respetuoso con la propiedad intelectual. | | |
| Criterios de evaluación | 6.1 Localizar, seleccionar y contrastar información de distintas fuentes, incluidas las digitales, citándolas y recreándolas mediante la adaptación creativa de modelos dados.<br>6.2 Compartir los resultados de un proceso de investigación sencillo, individual o grupal, sobre algún tema de interés personal o ecosocial, realizado de manera acompañada.<br>6.3 Adoptar hábitos de uso crítico, seguro, sostenible y saludable de las tecnologías digitales en relación con la búsqueda y la comunicación de la información. | | |
| Preconocimiento | Comprensión y producción de textos orales y escritos<br>Lectura, interpretación y análisis de fragmentos literarios | | |

| Objetivos | Competencias clave y descriptores |
|---|---|
| Objetivos generales de etapa contextualizados para Lengua Castellana y Literatura de 6.° de Educación Primaria: | CCL3 (Localiza, selecciona y contrasta información sencilla procedente de dos o más fuentes). |
| b) (Desarrollar hábitos de trabajo individual y de equipo) | CD1 (Realiza búsquedas guiadas en internet y hace uso de estrategias sencillas). |
| c) (Adquirir habilidades para la resolución pacífica de conflictos) | CD2 (Crea, integra y reelabora contenidos digitales en distintos formatos). |
|  | CD3 (Participa en actividades o proyectos escolares mediante el uso de herramientas). |
| e) (Conocer y utilizar de manera apropiada la lengua castellana) | CD4 (Conoce los riesgos y adopta medidas preventivas al usar las tecnologías). |
|  | CPSAA5 (Planea objetivos a corto plazo). |
| i) (Desarrollar las competencias tecnológicas básicas) | CC2 (Participa en actividades comunitarias, en la toma de decisiones). |
| m) (Desarrollar sus capacidades afectivas en todos los ámbitos de la personalidad) | CE3 (Crea ideas y soluciones originales). |

| Saberes |
| --- |
| B. Comunicación.<br>3. Procesos.<br>- Alfabetización mediática e informacional: estrategias para la búsqueda de información en distintas fuentes documentales y con distintos soportes y formatos. Reconocimiento de autoría. Comparación, organización, valoración crítica y comunicación creativa de la información. Uso progresivamente autónomo de la biblioteca, así como de recursos digitales del aula. |

| Estrategias metodológicas y/o didácticas para la enseñanza y el aprendizaje | |
| --- | --- |
| Orientaciones DUA para la instrucción de los saberes | Tareas o actividades de enseñanza y aprendizaje (sin calificación) |
| Para el acceso a la información, se incorporarán al aula virtual enlaces a diferentes páginas de consulta.<br>Para el procesamiento de la información se elaborará un documento de síntesis, después de haber realizado la compresión lectora, en el que apuntarán las principales conclusiones a las que se han llegado. Además se aportarán diversos apuntes teóricos sobre la obra seleccionada para su mejor comprensión en diversos formatos (escrito, oral…)<br>Para la expresión del conocimiento se facilitarán varios modelos de ejemplo y se podrán utilizar diversos soportes apoyados en imágenes, tarjetas, etc. | Estrategia/as metodológica/as<br>Aprendizaje basado en la investigación (ABI)<br>Identificación del tema. Se realizará una actividad de motivación hacia el alumnado. Se proyectará un vídeo en el que se planteará una investigación (enigma) en torno a la vida de Cervantes (1 sesión).<br>Formulación de preguntas de investigación. Se formularán todas aquellas preguntas que debemos de resolver para descifrar el enigma sobre la vida de Cervantes (1 sesión).<br>Búsqueda y selección de la información. Se buscará en diferentes medios digitales la información necesaria para resolver las cuestiones a investigar (2 sesiones)<br>Análisis y evaluación de la información. Se valorará toda la información encontrada y se descartará toda aquella que no sirve para el propósito de la investigación (2 sesiones)<br>Síntesis de la información. Elaboración de un informe a modo de síntesis con toda la información encontrada que da respuesta a las cuestiones planteadas (2 sesiones) |

| Tareas o actividades de enseñanza-aprendizaje (con calificación) | Criterios de evaluación | Evaluación y calificación |
|---|---|---|
| Presentación de los resultados. A través de una exposición se presentarán los resultados de la investigación realizada (2 sesiones) | 6.1, 6.2 | Técnica: observación directa. Instrumento: rúbrica. De acuerdo con la concreción curricular de centro, la rúbrica será diseñada de manera cooperativa entre el alumnado y el profesorado a partir de los criterios de evaluación 6.1 y 6.2 y se tendrán en cuenta los descriptores CCL3, CD1, CD2, CD3, CD4, de las competencias clave, de forma que se valorará en mayor medida el proceso que el resultado final. |
| Reflexión sobre el proceso de investigación (1 sesión) | 6.3 | Técnica: observación directa. Instrumento: rúbrica. De acuerdo con la concreción curricular de centro, la rúbrica será diseñada de manera cooperativa entre el alumnado y el profesorado a partir del criterio de evaluación 6.3 y se tendrán en cuenta los descriptores CPSAA5, CC2, CE3 de las competencias clave, de forma que se valorará en mayor medida el proceso que el resultado final. |

| Tareas o actividades de refuerzo | Tareas o actividades de profundización |
|---|---|
| Actividades centradas en la comprensión de un texto sencillo. Actividades centradas en la búsqueda de información a cuestiones dadas. | Lectura de algunos fragmentos de las obras más importantes de Cervantes. Proyección de un documental sobre la historia de la literatura en el s. XVI. |

Nota: El alumnado deberá realizar una autoevaluación global de su aprendizaje respecto al conjunto de tareas y actividades de esta SA. El instrumento a utilizar para esta autoevaluación será una lista de cotejo que puede encontrarse en el aula virtual del centro.

## 5.3. Distribución temporal

La distribución temporal se utiliza para controlar el tiempo que se le dedica a algo. Cuando se asigna un tiempo a cada elemento de un conjunto, se facilita la organización de sus componentes: los objetivos, los resultados, los cambios o posibles alteraciones, etc.

En educación, asignar tiempos supone marcar y establecer fechas de cumplimiento para cada aprendizaje: objetivos, competencias, saberes, estrategias, evaluaciones... Este proceso se conoce como distribución temporal y sirve para que el profesorado concrete cuándo va a ser el trabajo del curso lectivo en el que se encuentra. En general, esta distribución temporal debe hacerse al empezar el año académico aunque se ha de contar con la posibilidad de que sufra variaciones por distintas razones. Los cambios que se produzcan no solo se incorporan, sino que se tienen en cuenta para el curso siguiente, como propuestas de mejora.

Una vez definidas las SSAA, hay que determinar qué relevancia tiene cada una de ellas en el conjunto. Una vez se ha ponderado la importancia de cada SA, puede concretarse la distribución temporal en base al calendario escolar y al horario lectivo.

Los pasos a seguir son los siguientes:

1. Se revisa el mapa general de SSAA y se otorga una medida numérica de la relevancia a cada SA (por ejemplo, un porcentaje del total). Para hacer esto se ha de tener en cuenta la importancia relativa de las competencias específicas y los criterios de evaluación asociados, así como la dificultad que puede tener el alumnado para aprender y resolver las actividades, prácticas y proyectos asociados.
2. Se analiza el calendario docente y el horario lectivo, a fin de determinar cuántas horas efectivas de clase existen en cada trimestre.
3. Se transforman los porcentajes de relevancia asignados a cada SA en horas lectivas reales con una simple regla de tres.

Puede plasmarse el resultado en una tabla resumen donde se indique la distribución temporal de cada trimestre, de forma que se tenga una visión general de todo el curso.

Al transformar el porcentaje de relevancia en horas lectivas reales es muy probable que sea necesario alterar estos porcentajes para poder redondear las horas de clase. De cualquier forma, este proceso (porcentaje de relevancia - horas lectivas) asegura que la distribución temporal de SSAA estará equilibrada de acuerdo a los criterios con los que se han decidido las prioridades.

Tabla 5.4. Cronograma de distribución temporal de SA

**CRONOGRAMA SEMANAL** (planificación y seguimiento de la programación didáctica)

| Mes | Septiembre | | | | | Octubre | | | | | Noviembre | | | | | Diciembre | | | | | Enero | | | | | Febrero | | | | | Marzo | | | | | Abril | | | | | Mayo | | | | | Junio | | | | | Julio | | | | | Fecha prevista | Fecha real |
|---|---|---|---|---|---|---|---|---|---|---|---|---|---|---|---|---|---|---|---|---|---|---|---|---|---|---|---|---|---|---|---|---|---|---|---|---|---|---|---|---|---|---|---|---|---|---|---|---|---|---|---|---|---|---|---|---|---|
| Semana | 1 | 2 | 3 | 4 | 5 | 1 | 2 | 3 | 4 | 5 | 1 | 2 | 3 | 4 | 5 | 1 | 2 | 3 | 4 | 5 | 1 | 2 | 3 | 4 | 5 | 1 | 2 | 3 | 4 | 5 | 1 | 2 | 3 | 4 | 5 | 1 | 2 | 3 | 4 | 5 | 1 | 2 | 3 | 4 | 5 | 1 | 2 | 3 | 4 | 5 | 1 | 2 | 3 | 4 | 5 | | |
| SA1 | | | | | | | | | | | | | | | | | | | | | | | | | | | | | | | | | | | | | | | | | | | | | | | | | | | | | | | | | |
| SA2 | | | | | | | | | | | | | | | | | | | | | | | | | | | | | | | | | | | | | | | | | | | | | | | | | | | | | | | | | |
| SA3 | | | | | | | | | | | | | | | | | | | | | | | | | | | | | | | | | | | | | | | | | | | | | | | | | | | | | | | | | |
| SA4 | | | | | | | | | | | | | | | | | | | | | | | | | | | | | | | | | | | | | | | | | | | | | | | | | | | | | | | | | |
| SA5 | | | | | | | | | | | | | | | | | | | | | | | | | | | | | | | | | | | | | | | | | | | | | | | | | | | | | | | | | |
| SA6 | | | | | | | | | | | | | | | | | | | | | | | | | | | | | | | | | | | | | | | | | | | | | | | | | | | | | | | | | |
| SA7 | | | | | | | | | | | | | | | | | | | | | | | | | | | | | | | | | | | | | | | | | | | | | | | | | | | | | | | | | |
| SA8 | | | | | | | | | | | | | | | | | | | | | | | | | | | | | | | | | | | | | | | | | | | | | | | | | | | | | | | | | |
| SA9 | | | | | | | | | | | | | | | | | | | | | | | | | | | | | | | | | | | | | | | | | | | | | | | | | | | | | | | | | |
| SA10 | | | | | | | | | | | | | | | | | | | | | | | | | | | | | | | | | | | | | | | | | | | | | | | | | | | | | | | | | |

**Reflexión**

*El nivel de concreción de esta distribución temporal variará en función de diversos aspectos (experiencia del profesorado, tipología del alumnado, potenciales cambios metodológicos, etc).*

*Un nivel de concreción diario dudosamente será realista y muy probablemente provocará estrés al profesorado y al alumnado.*

*Un nivel de concreción trimestral resulta poco práctico y no permitirá detectar a tiempo las posibles desviaciones entre lo temporalizado y su ejecución real.*

*Es bastante común y además razonable un término medio que consiste en un nivel de concreción semanal o quincenal.*

*La distribución temporal puede plasmarse en una hoja de cálculo como ilustra la tabla 5.4 o puede utilizarse un software específico de planificación de proyectos singulares.*

## 5.4. Recursos

Aparte del mapa general, de las tablas, de la distribución temporal y de la secuenciación, también es importante dedicar un apartado específico a los recursos que serán necesarios para desarrollar las SSAA.

En este apartado se han de indicar:

1. Los recursos individuales del alumnado: material de escritura, calculadora, ordenador, diccionario, etc. Hay que tener en cuenta que ningún estudiante puede quedar excluido por motivos económicos, por lo que el centro educativo debe contar con estrategias para compensar las desigualdades y eliminar cualquier tipo de barrera.
2. Los recursos del centro o del ciclo: licencias de *software*, ordenadores, material de laboratorio, material de taller, etc.
3. El material bibliográfico de referencia, refuerzo y profundización.

En la mayoría de casos, los recursos son generales para todo el área o ámbito y no para una SA en concreto, por lo que parece más acertado incluir estos recursos como un apartado independiente y de este modo no repetir lo mismo en cada una de las SSAA.

De cualquier modo, si alguna SA requiere material específico, debería contemplarse e incluir este material en su propia tabla.

## 5.5. Programación de aula

La programación didáctica y las tablas de SSAA definen la línea de trabajo a seguir, pero requieren un mayor nivel de concreción a través de la «programación de aula».

La programación de aula, además de incluir la planificación previa a la clase, también debe incorporar los recursos didácticos que se utilizarán y los registros que se han obtenido al terminar la sesión. Por tanto, la programación de aula no solo es un calendario o agenda que desarrolla y concreta la programación didáctica, sino también todas aquellas anotaciones de lo que se ha hecho, es decir, las observaciones del proceso de enseñanza y aprendizaje de cada sesión. Por este motivo, la programación de aula también incluye el cuaderno del profesorado, o al menos se conecta con él.

La programación de aula es un documento operativo, complementario e interdependiente de la programación didáctica. Debería incluir, al menos, para cada sesión:

1. La fecha.
2. Los criterios de evaluación y/o saberes que se pretenden desarrollar.
3. Los recursos didácticos que se utilizarán.
4. Las anotaciones, propuestas de mejora, faltas de asistencia y/o calificaciones del alumnado, etc.

Los tres primeros apartados (la fecha, los criterios de evaluación y/o saberes y recursos didácticos) se planifican de forma previa al desarrollo de la sesión y por tanto deben reflejarse en el momento de concretar la situación de aprendizaje.

El cuarto apartado son anotaciones posteriores a la sesión, y se utilizarán como registro de aquello que el profesorado considera relevante para el seguimiento y la mejora del proceso de enseñanza y aprendizaje.

## Tabla 5.5 Tabla de SA. Modelo 1. Programación de aula.

| Situación de Aprendizaje | Número y nombre de la SA |
|---|---|
| Competencia/s específica/s | Competencia o competencias específicas directamente relacionados con esta SA |
| Criterio/s de evaluación | Criterio o criterios de evaluación directamente relacionados con esta SA |
| **Objetivos** | **Competencias clave y descriptores** |
| Concreción de objetivos generales y aquellos propios del centro educativo que se asocian con esta SA | Competencias clave y descriptores asociadas a la competencia o competencias específicas asociadas a esta SA. |
| **Saberes** | **Estrategias metodológicas y/o didácticas para la enseñanza y el aprendizaje** |
| Saberes básicos asociados a esta SA (los que se indican en el currículo). Si se considera apropiado, se deben incluir también los saberes deseables (concreción curricular de centro). En este caso, se recomienda diferenciar los básicos de los deseables. De este modo se podrá identificar en todo momento los que son estrictamente exigibles a todo el alumnado (los saberes básicos) de los que no lo son (saberes deseables). | Si se utiliza una metodología didáctica donde el alumnado es el protagonista en todo momento (proyectos de investigación, aprendizaje basado en proyectos, etc) se recomienda una propuesta global. Si se utiliza una metodología conductista (explicación – actividades; explicación – actividades, ...) se recomienda separar el tipo de actividades (por ejemplo, atendiendo a la Taxonomía de Bloom). En cualquier caso, se recomienda diferenciar entre: <br>• Tareas o actividades de enseñanza y aprendizaje sin calificación <br>• Tareas o actividades de enseñanza y aprendizaje con calificación <br>• Tareas o actividades de refuerzo <br>• Tareas o actividades de profundización <br>• Orientaciones DUA para aquellos saberes que se desarrollen en base a la instrucción por parte del profesorado. Debe contextualizarse este DUA de acuerdo al análisis interno del grupo-clase. |
| Evaluación | • Técnica o técnicas de evaluación. <br>• Instrumento o instrumentos de evaluación a utilizar. <br>• Si es posible, se recomienda hacer referencia a la concreción curricular del centro educativo. |

| Sesión | Fecha | Saberes y/o criterios de evaluación | Recurso didáctico | Observaciones y registros |
|---|---|---|---|---|
| 1 | | Contenido y/o criterio de evaluación a desarrollar | Presentación, enunciado del proyecto, guión de la asamblea, enunciado de la actividad, ... | Anotaciones, propuestas de mejora, calificación del alumnado, faltas de asistencia, ... |
| 2 | | | | |

 **EJEMPLO 5.6.**

## Tabla de Programación de aula de Crecimiento en Armonía de 2.º ciclo de Educación Infantil, basada en el ejemplo 5.4. Tabla de SA 4.

| Situación de Aprendizaje | 5.«Juega conmigo» | |
|---|---|---|
| Competencia específica | 4. Establecer interacciones sociales en condiciones de igualdad, valorando la importancia de la amistad, el respeto y la empatía, para construir su propia identidad basada en valores democráticos y de respeto a los derechos humanos. | |
| Criterios de evaluación | 4.1 Establecer vínculos y relaciones de apego saludables, demostrando actitudes de afecto y empatía hacia las demás personas y respetando los distintos ritmos individuales.<br><br>4.2 Reproducir conductas y situaciones previamente observadas en su entorno próximo, basadas en el respeto, la empatía, la igualdad de género, el trato no discriminatorio a las personas con discapacidad y el respeto a los derechos humanos, a través del juego de imitación.<br><br>4.3 Iniciarse en la resolución de conflictos con sus iguales, con la mediación de la persona adulta, experimentando los beneficios de llegar a acuerdos. | |
| **Objetivos** | **Competencias clave** | |
| Objetivos generales contextualizados para Crecimiento en Armonía:<br>d) (Desarrollar sus capacidades emocionales y afectivas)<br>e) (Relacionarse con los demás en igualdad)<br>f) (Desarrollar habilidades comunicativas)<br>h) (Promover, aplicar y desarrollar las normas sociales) | CCL (Competencia en comunicación lingüística)<br>CPSAA (Competencia personal, social y de aprender a aprender)<br>CD (Competencia ciudadana) | |
| **Saberes** | **Estrategias metodológicas y/o didácticas para la enseñanza y el aprendizaje** | |
| D. Interacción socioemocional en el entorno. La vida junto a los demás.<br>Habilidades socioafectivas y de convivencia: comunicación de sentimientos y emociones y pautas básicas de convivencia, que incluyan el respeto a la igualdad de género y el rechazo a cualquier tipo de discriminación. | Estrategia/as metodológica/as<br>Aprendizaje Servicio (ApS)<br>Actividades de preparación (esbozo de la idea, relación con entidades sociales y planificación). En esta etapa se realizará actividades de sensibilización con el alumnado para su motivación o conocimiento, previa a la visita del centro específico de educación especial «AAA», y se planificará la creación y realización de unos juegos para poder realizar con alumnado de diferentes tipos de discapacidad. (6 sesiones) | |

| | |
|---|---|
| Estrategias de autorregulación de la conducta. Empatía y respeto.<br><br>Resolución de conflictos surgidos en interacciones con los otros.<br><br>La amistad como elemento protector, de prevención de la violencia y de desarrollo de la cultura de la paz.<br><br>Fórmulas de cortesía e interacción social positiva. Actitud de ayuda y cooperación.<br><br>La respuesta empática a la diversidad debida a distintas formas de discapacidad y a sus implicaciones en la vida cotidiana. | Actividades de realización (preparación, ejecución y cierre con el grupo). Práctica de los juegos creados en el centro y posterior visita al centro «AAA» para realizar el encuentro con el alumnado (6 sesiones).<br><br>Actividades de evaluación (evaluación multifocal). Se desarrollará una evaluación grupal del proyecto (coevaluación y autoevaluación). Se evaluará el trabajo en red con el centro «AAA» como un proyecto de aprendizaje-servicio (2 sesiones).<br><br>Orientaciones para la atención a la diversidad y el DUA:<br><br>DUA: (P1. Proporcionar múltiples formas de implicación/ P2. Proporcionar múltiples formas de representación/ P3. Proporcionar múltiples formas de acción y expresión)<br><br>Para el acceso a la información se utilizaran diversos tipos de soportes, tales como vídeos, «flash cards», fotografías, etc.<br><br>Para el procesamiento de la información se apoyará el discurso siempre con imágenes, y los cuentos leídos serán en formato grande, de forma que todo el alumnado pueda seguir la lectura a través de imágenes claras.<br><br>Para la expresión del conocimiento se utilizarán imágenes de apoyo para ayudar a que exista un discurso apropiado. |
| Evaluación | Técnicas:<br>Autoevaluación y coevaluación de las actividades de enseñanza y aprendizaje.<br><br>Instrumentos:<br>Rúbrica para la autoevaluación y lista de cotejo para la coevaluación.<br><br>De acuerdo a la concreción curricular de centro:<br>La rúbrica será diseñada de manera cooperativa por el equipo docente a partir de los criterios de evaluación asociados a esta SA y teniendo en cuenta todos y cada uno de los descriptores de las competencias clave, de forma que se valorará en mayor medida el proceso que el resultado final. |

| Sesión | Fecha | Saberes y/o criterios de evaluación | Estrategias didácticas | Observaciones y registros |
|---|---|---|---|---|
| | Actividades para realizar en el centro educativo (previa a la visita al centro «AAA» |
| 1 | 18/09/2023 | SB1 - CE4.1 | Asamblea de sensibilización sobre la visita al centro «AAA». | |
| 2 | 19/09/2023 | SB3 - SB4 - SB6 - CE4.1 | Exposición de saberes básicos, al grupo clase, relacionados con diferentes excepcionalidades que se tratan en el centro «AAA». Actividad por grupos de cuatro: reconocer las diferentes excepcionalidades a través de la fotografía (imagen). | |
| 3 | 20/09/2023 | SB6 - CE4.1 | Exposición de saberes básicos relacionados con las diferentes características relacionadas con los tipos de excepcionalidad. Actividad individual: relacionar distintas excepcionalidades con sus características. | |
| 4 | 21/09/2023 | SB2 - CE4.1 | Asamblea para la creación de un juego cooperativo con sus normas. | |
| 5 | 22/09/2023 | | | |
| 6 | 25/09/2023 | | | |
| 7 | 26/09/2023 | SB2- SB3 - SB4 - SB5 - CE4.2 - CE 4.3 | Actividad por grupo-clase: práctica en el aula de los juegos creados en las sesiones anteriores. | |
| 8 | | | | |
| | Actividades para realizar en la visita al centro centro «AAA» |
| 9 | | SB6 - CE4.1 | Asamblea: presentación de cada uno diciendo su nombre o mostrándolo en diferentes soportes. | |
| 10 | | SB2 - SB4 - SB6 - CE4.1 | Actividad por grupo-clase (ambos grupos): almuerzo de compartir. | |
| 11 | 27/09/2023 | SB2 - SB3 - SB4 - SB6 - CE4.2 - CE4.3 | Actividad en grupos de ocho: jugar al juego creado en las sesiones 4, 5 y 6, con todo el alumnado (ambos centros). | |
| 12 | | | | |
| 13 | | CE4.1 - CE4.2 - CE4.3 | Asamblea de reflexión de todo lo realizado. Coevaluación de la realización de los juegos a través de una lista de cotejo visual. Evaluación por parte del profesorado de ambos centros respecto a los tres criterios de evaluación a través de una rúbrica. | |
| | Actividad para realizar en el centro educativo |
| 14 | 28/09/2023 | CE4.1 - CE4.2 - CE4.3 | Autoevaluación del aprendizaje servicio a través de una rúbrica visual. Asamblea donde cada niño y niña comparte su autoevaluación, propone mejoras relacionadas con los criterios de evaluación (establecer vínculos y relaciones, reproducir conductas y situaciones e iniciarse en la resolución de conflictos). Finalmente se diseña entre todos un mapa general de los aprendizajes adquiridos en esta SA. | |
| 15 | 29/09/2023 | | | |

## Reflexión

La programación didáctica es un documento de planificación educativa que debe realizarse desde el ciclo. Por su parte, la programación de aula es un documento operativo que debe redactar el profesor o profesora responsable del área o ámbito, en base a las orientaciones acordadas y plasmadas en la programación didáctica. Es decir, la programación didáctica, por sí misma, no puede llevarse al aula. Se necesita un paso previo: la programación de aula.

La programación de aula debe incluir:

1. Todos los recursos necesarios para materializar el proceso de enseñanza y aprendizaje: presentaciones, enunciados, videos...

2. Todas las anotaciones para el seguimiento y mejora del proceso de enseñanza y aprendizaje: registros de evaluación, propuestas de mejora para el siguiente curso, etc.

Queremos resaltar que la programación de aula no es objeto de este libro y por tanto excede su ámbito. De cualquier modo, el ejemplo 5.6, a falta de incluir los recursos, materiales, observaciones y propuestas de mejora, puede considerarse la programación de aula de una situación de aprendizaje.

Todo lo que en este apartado se indica es necesario completarlo con la metodología y la evaluación. Realmente estos tres apartados (competencias específicas y SSAA, metodología y evaluación) son complementarios y deben desarrollarse de forma conjunta y sin perder de vista los objetivos, las competencias clave, los principios de inclusión educativa, los derechos de la infancia, etc.

Además, todo lo que se señala en este apartado, y muy especialmente el desarrollo de las SSAA a través de la programación de aula, debe tener en cuenta, entre otros aspectos:

1. Las orientaciones que la legislación establece respecto de las SSAA.

2. El DUA, es decir, que ningún recurso didáctico que se despliega en el aula suponga una barrera para ningún alumno o alumna.

La estrategia que se propone para el diseño y desarrollo de las SSAA es totalmente aplicable a la programación por ámbitos de conocimiento. En este caso, hay que realizar un agrupamiento de los criterios de evaluación de las distintas áreas que componen el ámbito. Una vez estén agrupados estos criterios de evaluación, el desarrollo de la programación es el mismo que el que se propone en este capítulo.

# Capítulo VI.

# Orientaciones metodológicas

> **«Siempre que enseñes, enseña a la vez a dudar de lo que enseñas»**
>
> José Ortega y Gasset (1883-1955)

La LOMLOE establece en su artículo 14 los principios pedagógicos de la Educación Infantil. El apartado 4 de este artículo menciona que «Los contenidos educativos de la Educación Infantil se organizarán en áreas correspondientes a ámbitos propios de la experiencia y del desarrollo infantil y se abordarán por medio de actividades globalizadas que tengan interés y significado para los niños». Por otro lado, su apartado 6 indica que «Los métodos de trabajo en ambos ciclos se basarán en las experiencias de aprendizaje emocionalmente positivas, las actividades y el juego y se aplicarán en un ambiente de afecto y confianza, para potenciar su autoestima e integración social y el establecimiento de un apego seguro».

En el caso de Educación Primaria, es el artículo 19 donde se especifican los principios pedagógicos para esta etapa. De su apartado 2[24] se puede deducir que las competencias clave deben desarrollarse de forma transversal a través

---

[24] «Sin perjuicio de su tratamiento específico en algunas de las áreas de la etapa, la comprensión lectora, la expresión oral y escrita, la comunicación audiovisual, la competencia digital, el fomento de la creatividad, del espíritu científico y del emprendimiento se trabajarán en todas las áreas. De igual modo, se trabajarán la igualdad de género, la educación para la paz, la educación para el consumo responsable y el desarrollo sostenible y la educación para la salud, incluida la afectivo-sexual. Asimismo, se pondrá especial atención a la educación emocional y en valores y a la potenciación del aprendizaje significativo para el desarrollo de las competencias transversales que promuevan la autonomía y la reflexión».

de todas las áreas. Por otro lado, en su apartado 4 se escribe lo siguiente «Con objeto de fomentar la integración de las competencias, se dedicará un tiempo del horario lectivo a la realización de proyectos significativos para el alumnado y a la resolución colaborativa de problemas, reforzando la autoestima, la autonomía, la reflexión y la responsabilidad».

Además, tal y como se ha analizado en el capítulo IV, las competencias clave deben desarrollarse aplicando unas estrategias metodológicas cuya piedra angular consista en una planificación rigurosa de lo que se pretende conseguir. En esta se ha de indicar cuáles son los objetivos, los recursos, las estrategias didácticas, la evaluación y la retroalimentación. Esta planificación se plasma precisamente en la programación didáctica.

Por lo que respecta a la elaboración de situaciones de aprendizaje, en el capítulo anterior ya se adelantó que el anexo III de los reales decretos de ordenación y enseñanzas mínimas establece orientaciones básicas que deben tenerse en cuenta respecto al diseño de las SSAA. Aunque existen diferencias en los anexos III de Educación Infantil y de Educación Primaria, algunas características de las situaciones de aprendizaje son:

- Se propone diseñar situaciones de aprendizaje estimulantes, significativas e integradoras, bien contextualizadas y respetuosas con el proceso de desarrollo integral del alumnado en todas sus dimensiones, que tengan en cuenta sus potencialidades, intereses y necesidades, así como las diferentes formas de comprender la realidad en cada momento de la etapa.
- Las situaciones de aprendizaje deben plantear un reto o problema de cierta complejidad en función de la edad y el desarrollo del niño o la niña, cuya resolución creativa implique la movilización de manera integrada de lo aprendido en las áreas en las que se organiza la etapa, a partir de la realización de distintas tareas y actividades.
- Deben partir del planteamiento claro y preciso de los objetivos que se esperan conseguir y cuyo logro suponga la integración de un conjunto de saberes básicos.
- Deben proporcionarse escenarios en los que se favorezcan distintos tipos de agrupamiento, desde el individual al trabajo en grupos, para que el alumnado pueda asumir responsabilidades individuales, así como trabajar de manera cooperativa para afrontar la resolución del reto planteado.
- Deben estar compuestas por tareas de creciente complejidad, en función de su nivel psicoevolutivo, cuya resolución conlleve la construcción de nuevos aprendizajes.

- Debe suponer la transferencia de los aprendizajes adquiridos por parte del alumnado, posibilitando la articulación coherente y eficaz de distintos conocimientos, destrezas y actitudes propios de esta etapa.
- Las situaciones de aprendizaje deben fomentar aspectos relacionados con el interés común, la sostenibilidad o la convivencia democrática, esenciales para que el alumnado sea capaz de responder con eficacia a los retos del siglo XXI.

## Reflexión

En relación a las orientaciones metodológicas para el desarrollo de las competencias clave y el diseño de las SSAA, algunos aspectos básicos que podríamos tener en cuenta son los siguientes:

1. Planificación rigurosa. Es necesario definir los objetivos, los recursos, la metodología y la evaluación de las tareas.

2. Métodos didácticos adaptados al alumnado, al contexto, a la naturaleza de cada tarea y a los recursos disponibles.

3. Métodos activos, es decir, enfocados a las tareas, los retos, la solución de situaciones problemáticas, el trabajo por proyectos, etc.

4. Uso de los conocimientos previos del alumnado como punto de partida para incrementar progresivamente el nivel de dificultad.

5. Fomento de la motivación a través de la promoción de la curiosidad y de la ayuda y la orientación al alumnado para que diseñe estrategias de aprendizaje.

6. Uso de la reflexión a través del portfolio.

7. Variedad en los materiales y uso de las TIC.

8. Coordinación docente y construcción colaborativa del proceso de enseñanza y aprendizaje.

En base a las orientaciones anteriores, las líneas básicas para establecer una estrategia metodológica deben fijarse por parte del centro educativo, ya que corresponden a la concreción curricular de centro. De este modo, todo el profesorado de un mismo centro educativo ha de seguir las estrategias básicas que identifiquen los valores, objetivos y prioridades de actuación establecidos por el centro, y por tanto, idealmente todo el claustro debe seguir la línea metodológica establecida.

De esta manera se evita que se puedan encontrar en un mismo centro metodologías dispares, incluso contradictorias. Este modelo se basa en que las orientaciones metodológicas indicadas en el PEC y en la concreción curricular deberían haber sido desarrolladas por todo el claustro, de forma que sean el fruto de un consenso.

En este apartado de la programación debe incluirse:

1. Las orientaciones metodológicas de base.
2. Las orientaciones metodológicas específicas para la atención a la diversidad.

### Reflexión

Como se ha indicado, la metodología que se desarrolla en todas las áreas y ámbitos de un mismo centro educativo debe guardar coherencia entre sí. Ahora bien, el punto de partida para todos los centros necesariamente deben ser los principios pedagógicos y las orientaciones asociadas a las SSAA establecidas en la legislación.

En cuanto a los principios pedagógicos:

Para Educación Infantil:

• Se atenderá progresivamente al desarrollo afectivo, a la gestión emocional, al movimiento y los hábitos de control corporal, a las manifestaciones de la comunicación y del lenguaje, a las pautas elementales de convivencia y relación social, así como al descubrimiento del entorno, de los seres vivos que en él conviven y de las características físicas y sociales del medio en el que viven. También se incluirán la educación en valores, la educación para el consumo responsable y sostenible y la promoción y educación para la salud. Además se facilitará que niñas y niños elaboren una imagen de sí mismos positiva y equilibrada e igualitaria y adquieran autonomía personal.

• Fomentarán el desarrollo de todos los lenguajes y modos de percepción específicos de estas edades para desarrollar el conjunto de sus potencialidades, respetando la específica cultura de la infancia que definen la Convención sobre los derechos del Niño y las Observaciones Generales de su Comité. Se favorecerá una primera aproximación a la lectura y a la escritura, así como experiencias de iniciación temprana en habilidades numéricas básicas, en las tecnologías de la información y la comunicación y en la expresión visual y musical y en cualesquiera otras que las administraciones educativas autonómicas determinen.

+ Los métodos de trabajo en ambos ciclos se basarán en las experiencias de aprendizaje emocionalmente positivas, las actividades y el juego y se aplicarán en un ambiente de afecto y confianza, para potenciar su autoestima e integración social y el establecimiento de un apego seguro.

Para Educación Primaria:

+ Se pondrá especial énfasis en garantizar la inclusión educativa; en la atención personalizada al alumnado y a sus necesidades de aprendizaje, participación y convivencia; en la prevención de las dificultades de aprendizaje y en la puesta en práctica de mecanismos de refuerzo y flexibilización, alternativas metodológicas u otras medidas adecuadas tan pronto como se detecten cualquiera de estas situaciones.

+ Se trabajarán la igualdad de género, la educación para la paz, la educación para el consumo responsable y el desarrollo sostenible y la educación para la salud, incluida la afectivo- sexual. Asimismo, se pondrá especial atención a la educación emocional y en valores y a la potenciación del aprendizaje significativo para el desarrollo de las competencias transversales que promuevan la autonomía y la reflexión.

+ Se promoverán planes de fomento de la lectura y de alfabetización en diversos medios, tecnologías y lenguajes. Para ello se contará, en su caso, con la colaboración de las familias y del voluntariado, así como el intercambio de buenas prácticas.

+ Se dedicará un tiempo del horario lectivo a la realización de proyectos significativos para el alumnado y a la resolución colaborativa de problemas, reforzando la autoestima, la autonomía, la reflexión y la responsabilidad.

Para ambas enseñanzas, las lenguas oficiales se utilizarán solo como apoyo en el proceso de aprendizaje de las lenguas extranjeras. En dicho proceso se dará prioridad a la comprensión, la expresión y la interacción oral. Por lo que respecta a las orientaciones para el diseño y desarrollo de las SSAA, recomendamos la lectura reflexiva de los anexos III de los reales decretos de ordenación y enseñanzas mínimas y, en su caso, las orientaciones específicas que correspondan al desarrollo legislativo de cada comunidad autónoma.

# 6.1. Orientaciones metodológicas de base

Las orientaciones legislativas y de centro son básicas y requieren de particularización por parte del profesorado y del equipo docente, pues la estrategia metodológica siempre debe concretarse en función de varios factores, entre los que se pueden destacar:

- El entorno, la edad y las características específicas del alumnado.
- El tipo de formación (presencial o a distancia).
- El tipo de área (ámbito científico, lingüístico, artístico...).
- La formación del profesorado.

Por tanto, se parte de las premisas que facilitan las orientaciones legislativas y la concreción del centro educativo para elaborar el apartado «Orientaciones metodológicas» de la programación didáctica. Este apartado debe especificar lo que indican las disposiciones legislativas (aprendizaje significativo, métodos activos, trabajo en equipo, aprender por sí mismo...) y particularizar las orientaciones básicas que facilita el centro educativo.

El texto de este apartado puede recordar todo lo que nos indica la legislación y el propio centro, pero no debe quedarse simplemente en este recordatorio, sino que necesariamente debe concretar cómo estas medidas se llevarán a la práctica en el aula. En consecuencia, el texto de este apartado debe ser concreto, conciso y responder al «cómo». Es importante tener presente que la programación didáctica es un documento práctico y operativo, y no un libro de texto que se limita a exponer las distintas metodologías.

En función de la aproximación metodológica por la que se opte, es posible que se utilicen distintas estrategias para el desarrollo de las SSAA. En este caso, es necesario describir cada una de estas estrategias y asociarlas a las distintas SSAA. También es posible definir una única estrategia metodológica, por ejemplo el trabajo por proyectos de investigación, e indicar que esta será la estrategia referente para todas las SSAA, tal y como se indica en el ejemplo siguiente:

 EJEMPLO 6.1.

### Parte del texto de las orientaciones metodológicas básicas de un área determinada

La metodología activa que se aplicará en esta materia tiene como base fundamental el aprendizaje basado en proyectos. Por este motivo, los saberes procedimentales de las SSAA se abordan de manera global y progresiva a lo largo del curso. En este contexto, se entiende por proyecto un conjunto de actividades organizadas y elaboradas de forma sistemática, que tienen como objetivo último dar respuesta a una situación problemática.

El currículo de la materia se contempla como un proceso en construcción y se relaciona con lo que sucede fuera del ámbito escolar. En cuanto a la organización, el propósito es dotar al alumnado de una autonomía creciente, de forma que vaya adquiriendo las habilidades necesarias para gestionar su propio aprendizaje. No obstante, se parte de una situación en la que el alumnado está muy habituado a métodos más tradicionales, por lo que el proceso será progresivo.

Para organizar las actividades se relacionarán las fuentes de datos e información con los procedimientos necesarios para procesar y comprenderlos, se hará énfasis en la reflexión sobre el proceso de aprendizaje, que ha de ser significativo, y se modificarán algunos aspectos de la organización del trabajo en el aula, tales como trabajar temas diversos, conectarlos con los intereses del alumnado e introducir cierta descentralización en la responsabilidad del desarrollo de las actividades.

En resumen, la propuesta metodológica de esta materia es el trabajo por proyectos de investigación. Esta metodología se introducirá de manera progresiva y se tendrá en cuenta al propio alumnado.

## Reflexión

*En cualquier caso, la aproximación metodológica escogida ha de depender del análisis interno del grupo-clase que se haga a comienzo del curso. Si de este se desprende un nivel cognitivo y de conocimientos previos bastante homogéneo, la metodología de tipo conductista podría ser efectiva. Ahora bien, si el grupo es heterogéneo, y esto es lo más usual, es posible que a la persona que utilice una metodología conductista le resulte complicado atender a los distintos ritmos de aprendizaje, a las distintas memorias de trabajo, y, en general, a las distintas idiosincrasias del grupo-clase. En este último caso, es más recomendable emplear estrategias didácticas colaborativas, dirigidas a la construcción conjunta del aprendizaje.*

## 6.2. Atención a la diversidad

Puesto que es de esperar un grupo heterogéneo, este apartado de la programación didáctica debe incluir, además de las orientaciones metodológicas, información acerca de la atención a la inclusión educativa, que consiste en identificar las necesidades específicas del alumnado para garantizar la igualdad de oportunidades y lograr todo su desarrollo potencial. Esto requiere la identificación y eliminación de barreras, el uso de recursos para dar respuesta a la diversidad del aula y el desarrollo de un currículo y unos valores inclusivos. Por tanto, se ha de dar respuesta a los distintos ritmos de aprendizaje y adaptar las competencias específicas y los saberes.

En este sentido, se entiende por «medidas» aquellas adaptaciones, programas o apoyos dirigidos a eliminar las barreras al aprendizaje. La aplicación de medidas específicas se trata en el siguiente capítulo de este documento, *Inclusión educativa del alumnado con Necesidades Específicas de Apoyo Educativo (NEAE)*, pero en el apartado de metodología se han de adelantar aquellas que se dirijan a toda la comunidad educativa (lo que se denominará en este libro «nivel de respuesta I») así como las que se aplican al grupo-clase (lo que se denominará «nivel de respuesta II»).

Para atender al nivel de respuesta I (toda la comunidad educativa), bastaría con hacer referencia a los documentos de planificación educativa de centro que atienden a la diversidad, la inclusión, la igualdad, la convivencia, la acción tutorial, etc. Sería suficiente con uno o dos párrafos de dos o tres líneas. A continuación se ha de indicar la influencia de estos documentos del centro en el área o ámbito objeto de la programación didáctica.

El grueso de este apartado debe dedicarse al nivel de respuesta II, ya que estas medidas se dirigen a todo el grupo-clase, están detalladas en las SSAA, las coordina el tutor o la tutora y las aplica todo el equipo docente. En esencia, incluyen la atención a la diversidad en las programaciones (actividades de ampliación y refuerzo, prevención de dificultades, etc.) y las actuaciones transversales que fomenten la igualdad, la convivencia, la salud y el bienestar.

Una posible guía de redacción para indicar las medidas de respuesta de nivel II es la de especificar las acciones para cada una de las tres dimensiones que se definen en el *Index for inclusion* de Booth, Ainscow y Kingston[25]:

- **Medidas de acceso o presencia**. Son aquellas que están destinadas a eliminar las barreras físicas, sensoriales, cognitivas y emocionales;

---

25   Booth, T., Ainscow, M. y Kingston, D. (2006) *Index for inclusion*, Centre for Studies on Inclusive Education.

las actuaciones dirigidas a prevenir y reducir el abandono escolar; y la compensación de las desigualdades en el acceso y la permanencia en el sistema educativo derivadas de situaciones personales, sociales, económicas, etc. Corresponden al nivel II la prevención de absentismo, la adecuación de los materiales didácticos para que sean compatibles con los valores inclusivos y la coordinación con el tutor o tutora y el equipo docente.

- **Medidas para el aprendizaje**. Se materializan en las concreciones curriculares y la adecuación de los procedimientos de evaluación. En el nivel II se aborda la adaptación de las programaciones para que incluyan proyectos interdisciplinarios que relacionen los aprendizajes con el contexto social y cultural del grupo-clase. También corresponde a este nivel la incorporación de estrategias metodológicas que favorezcan la inclusión, así como el ajuste de los procedimientos e instrumentos de evaluación cuando sea necesario.

- **Medidas de participación y pertenencia**. Están dirigidas al fomento de la inclusión del alumnado en la vida del centro y se concretan en la promoción de la igualdad y la convivencia y la prevención de conflictos. Además, se puede fomentar la participación del alumnado en las estructuras del centro como la junta de delegados o el consejo escolar. Todas estas medidas corresponden al nivel II.

Por ejemplo, en este nivel pueden mencionarse medidas como la programación multinivel y el DUA. Se trata de indicar, sin referencias directas al alumnado con NEAE, cómo afrontar la diversidad del grupo clase: distintos ritmos de aprendizaje, diferentes memorias de trabajo, etc. Este apartado será clave para reflexionar sobre la estrategia didáctica general y, en su caso, de forma específica para una u otra situación de aprendizaje.

Por último, habría que incluir un apartado específico para el alumnado con la materia pendiente, así como las orientaciones básicas para el plan específico de recuperación en el supuesto de que algún alumno o alguna alumna deba presentarse a la convocatoria extraordinaria. Estos dos ítems son preceptivos, de forma que en el supuesto de no incluirse en un documento independiente de centro, se ha de indicar en la programación didáctica, y posiblemente este sea el apartado más acertado para indicarlo.

## EJEMPLO 6.2.

### Ejemplo

**Parte del texto de las orientaciones metodológicas para la atención a la diversidad de Crecimiento en Armonía de 2.º ciclo de Educación Infantil** (véase el ejemplo 2.4.)

En base a la información recabada en el análisis del contexto interno, se utilizarán las siguientes orientaciones DUA para atender a los tres grupos que cursan el área:

- Para el acceso a la información, se utilizarán diversos soportes (imágenes fijas, audiovisual…) para la estimulación y desarrollo adecuado de la percepción de todo el alumnado.

- Para el procesamiento de la información, se presentará la información siempre asociada a una imagen (pictograma o fotografía) para que el alumnado genere una representación mental adecuada que le ayude a darle significado.

- Para la expresión del conocimiento del alumnado, podrán apoyarse en imágenes u otros recursos que ayuden a transmitir la información de forma ordenada y precisa.

Todas las SSAA incluirán actividades de refuerzo, que harán énfasis en los niveles inferiores de la Taxonomía de Bloom (recordar, reconocer y aplicar) para reforzar los conocimientos y destrezas básicos. También se incluirán actividades de ampliación, que corresponden a los niveles superiores de este modelo (analizar, evaluar y crear) y tienen como función extender el alcance del alumnado.

## Reflexión

Dos son los puntos fundamentales de este apartado:

1. ¿Cómo se desarrollarán las SSAA? (Orientaciones metodológicas de base).

   ¡Ve al grano! No se trata de repetir lo ya escrito en la norma y en los documentos de centro. Tampoco de parafrasear aspectos teóricos del proceso de enseñanza y aprendizaje. Debe ser un texto conciso que pueda ser entendido por cualquier persona, especialmente por el alumnado y por su familia.

2. ¿Cómo se afrontará la atención a la diversidad? (Orientaciones metodológicas para atender la diversidad del conjunto de la comunidad educativa y al grupo-clase).

   ¡Sé breve! Referencia lo indicado en los documentos de planificación educativa del centro y concrétalo para tu área o ámbito.

   ¡Contextualiza! Aquí deberás echar mano de tu análisis del contexto externo e interno (capítulo II). Actividades de refuerzo y profundización, DUA, etc. ¿Qué estrategias concretas utilizarás?

Si el centro educativo no provee ningún documento específico para describir la gestión de este proceso y tampoco se planifica un apartado específico en la programación didáctica, el capítulo de «Orientaciones metodológicas» debería incluir también un tercer punto que describiera cómo atender esta casuística.

Recuerda lo que escribió Baltasar Gracián en su Oráculo: «Lo bueno, si breve, dos veces bueno».

# Capítulo VII.

# Inclusión educativa del alumnado con necesidad específica de apoyo educativo (NEAE)

> **«El secreto de la educación consiste en respetar al estudiante»**
>
> Ralph Waldo Emerson (1803-1882)

Hasta este capítulo se ha dado respuesta al «qué», al «cuándo» (situaciones de aprendizaje) y al «cómo» (orientaciones metodológicas). La respuesta a estas cuestiones se ve condicionada por el contexto, los objetivos y las competencias clave. Ahora bien, ateniéndose a la importancia y a la dificultad práctica de dar respuesta al alumnado que necesite atención específica o actuaciones para la compensación de desigualdades, parece lógico dedicar un apartado específico a la inclusión.

Es necesario que el lector o lectora distinga con claridad los conceptos a los que hace referencia el Título II, Equidad en la Educación, de la LOMLOE. En cuanto al alumnado con necesidad específica de apoyo educativo (NEAE), diferencia entre alumnado que:

- Presenta Necesidades Educativas Especiales (NEE).
- Presenta altas capacidades intelectuales.
- Se ha integrado tarde al sistema educativo español.
- Presenta dificultades específicas de aprendizaje.

De la definición que introduce el texto legal se deduce que el alumnado con NEE es una tipología especial de NEAE, que a su vez es una categoría más general. Además, se ha de tener presente que existe alumnado que puede requerir la compensación de desigualdades en su acceso a la educación, presente o no NEE. Tal es el caso de la pertenencia a una minoría étnica, el desconocimiento del idioma vehicular, etc.

Como se ha indicado en el capítulo anterior, la inclusión educativa consiste en identificar las necesidades específicas del alumnado para garantizar la igualdad de oportunidades y lograr todo su desarrollo potencial. Esto requiere, por un lado, la identificación y eliminación de barreras que impiden, limitan o reducen el pleno ejercicio del derecho a la educación. Por otro lado, son necesarios la utilización de recursos para dar respuesta a la diversidad del aula y el desarrollo de un currículo y valores inclusivos. Por tanto, se ha de dar respuesta a los distintos ritmos de aprendizaje y adaptar los saberes y los criterios de evaluación.

Se entiende por «medidas» aquellas adaptaciones, programas o apoyos dirigidos a eliminar las barreras de acceso, aprendizaje y participación. En el capítulo «Orientaciones metodológicas» ya se adelantaron aquellas que se dirigen a toda la comunidad educativa (lo que se denomina «nivel de respuesta I») así como las que se aplican al grupo-clase (lo que se denomina «nivel de respuesta II»).

En este capítulo se trata la aplicación de medidas específicas. En particular, se abordan las medidas dirigidas al alumnado que requiere una respuesta diferenciada, individualmente o en grupo, y que implican apoyos ordinarios adicionales, por ejemplo: el refuerzo pedagógico, enriquecimiento curricular, programa de español para extranjeros, etc. Se determinan en los documentos de centro y se denominan «nivel de respuesta III».

También se han de tratar las medidas dirigidas al alumnado con NEE que requiere una respuesta individualizada que implique apoyos especializados, por ejemplo las Adaptaciones Curriculares Individuales Significativas (ACIS). Esto se denomina «nivel de respuesta IV».

En este apartado de la programación debe incluirse:
1. La descripción general de la estrategia que se seguirá para atender al alumnado con NEAE.
2. La respuesta educativa diferenciada para el alumnado con NEAE identificado en el análisis interno (capítulo «Contextualización»).

## 7.1. Atención a la diversidad e inclusión educativa

En este apartado, es interesante comenzar con una breve introducción en la que se presente la diversidad como un elemento positivo y enriquecedor. Debería identificarse también la legislación autonómica pertinente como referente normativo para la atención a la diversidad e inclusión educativa. No es recomendable que esta introducción sea muy extensa ni que reproduzca la información que ya está presente en la legislación.

Las medidas de respuesta que se dirigen a toda la comunidad educativa y las que tienen como destinatario a todo el grupo-clase ya se han tratado en el capítulo de «Orientaciones metodológicas». Es ahora el momento de centrarse en las medidas destinadas al alumnado que requiere una respuesta diferenciada (niveles de respuesta III y IV). Para ello se ha de indicar cuál es el procedimiento para la aplicación de tales medidas.

 EJEMPLO 7.1.

### Introducción y descripción general de la atención al alumnado con NEE

Las medidas de respuesta educativa se aplicarán de forma progresiva, es decir, ante la detección de necesidades educativas, se empezará con la aplicación de medidas del nivel I y II. Secuencialmente se avanzará por los demás niveles según sea necesario y de forma justificada. Las medidas de niveles I y II siempre estarán presentes, pues el PEC es el documento que vertebra estos dos primeros niveles de respuesta, y a ellas se ha hecho referencia en el apartado «Orientaciones metodológicas».

Solo se aplicarán medidas extraordinarias de los niveles III y IV cuando se agoten todas las medidas ordinarias de los niveles anteriores. Una vez se hayan aplicado medidas de nivel II y ordinarias de nivel III y haya pasado un tiempo prudencial, se evaluará su eficacia y se considerará la posibilidad de una valoración sociopsicopedagógica.

Llegado el caso, cuando el equipo docente detecte alumnado con NEE que podría requerir apoyos adicionales especializados, se iniciará el procedimiento previsto en la legislación autonómica.

La atención al alumnado que requiera medidas de respuesta diferenciadas con recursos no especializados (nivel III) tendrá un estudio individualizado, supervisado y asesorado por el personal especialista en orientación educativa. Por otro lado, el alumnado que requiera una atención especializada contará con un plan personalizado. Este plan será revisado trimestralmente y representará la guía principal de su atención educativa.

### Reflexión

*Si las orientaciones generales para la atención a la diversidad son las mismas para todas las áreas y ámbitos del centro educativo, recomendamos que se incluyan en la concreción curricular de centro (documento general de centro) y que desde cada una de las programaciones didácticas se haga referencia a ella.*

*Por el contrario, si las orientaciones de carácter general dependen de cada área o ámbito, consideramos procedente incluirlas de manera diferenciada en la programación didáctica. Por ejemplo, en Educación Física podría tener orientaciones generales para la atención a la diversidad distintas a las orientaciones de Lengua Castellana y Literatura. Incluso, es posible que las orientaciones solo sean para Educación Física y no para el resto de áreas (piénsese en un alumno o alumna con dificultades motóricas).*

## 7.2. Respuesta diferenciada y planes personalizados

En el supuesto de tener la certeza de la presencia en la clase de un alumno o alumna (o varios) que requieran niveles de respuesta III y/o IV, habría que dedicar un apartado específico en la programación didáctica para cada uno de ellos. Obviamente, se han de evitar los datos de carácter personal pero sí es recomendable hacer referencia a la tipología de la excepcionalidad con la que se trabaja, es decir, se han de identificar las circunstancias concretas que justifican la aplicación de este tipo de medida.

Se trata de un apartado en el que se indique y se describa la medida de carácter singular o extraordinaria que se aplicará en cada caso. De este modo, las indicaciones generales, sin datos de carácter personal, se incorporan a la programación didáctica, pero la concreción y el desarrollo documental que estas medidas necesiten se especificarán en la programación de aula y, en su caso, en el plan personalizado del alumnado que lo requiera.

Como se ha indicado en la introducción de este capítulo, este apartado también debe incluir las acciones y estrategias didácticas para compensar las posibles desigualdades del alumnado que lo requiera, presente o no NEE. Tal es el caso de la pertenencia a una minoría étnica, el desconocimiento del idioma vehicular, etc.

Del mismo modo que ocurre con el apartado anterior, una posible guía de redacción para indicar las medidas de respuesta III y IV es la de especificar las acciones para cada una de las tres dimensiones que define el *Index for inclusion*[26]:

- Medidas de acceso o presencia.
- Medidas para el aprendizaje.
- Medidas de participación y pertenencia.

Cuando se aplican medidas de nivel IV puede ser prescriptivo la elaboración de un plan personalizado para el alumnado afectado. Se trata de un documento descriptivo para el alumnado con NEE al que se apliquen determinadas medidas de inclusión. En él se describen, entre otros:

- Las barreras que se han identificado.
- Las necesidades educativas que presenta.
- Las medidas que se han aplicado y se aplicarán en lo sucesivo.
- Los recursos que se emplearán en su aplicación.
- Cómo se seguirá y evaluará la aplicación del plan.

Por tanto, este documento no solo recoge las medidas de respuesta adoptadas, sino también su programación didáctica personalizada. De este modo, se incluyen los criterios de evaluación que van a permitir que el alumnado adquiera las competencias necesarias y alcance los resultados esperados al finalizar su etapa escolar. Al producirse una selección de criterios de evaluación, la atención se centra en los aspectos en los cuales presenta dificultades y cómo se ha de intervenir para superarlas.

Esta parte de la documentación ha de ser redactada de forma conjunta por el equipo docente y por los especialistas en orientación educativa para trazar unas estrategias didácticas comunes. Además, estas medidas se han de contemplar en la concreción curricular de las materias afectadas dentro de la programación didáctica del aula.

---

26  Booth, T., Ainscow, M. y Kingston, D. (2006) *Index of inclusion*, Centre for Studies on Inclusive Education.

 **EJEMPLO 7.2.**

## Respuesta diferenciada y planes personalizados

Tal y como se ha indicado en apartado «Contextualización» (véase ejemplo 2.4. del capítulo «Contextualización»), el grupo A (3 años) contará con una alumna con dificultades motóricas, el grupo B (4 años) contará con un niño con problemas familiares, dos niños migrantes nuevos sin previa escolarización y tres niñas con problemas de conducta y el grupo C (5 años) contará con niño con síndrome de Down y tres niñas migrantes (uno de Albania y dos de Bulgaria) sin la competencia lingüística adquirida.

1. En relación con la alumna con limitaciones motóricas se atenderá en todo momento al Plan de Actuación Personalizado (PAP) y se tendrán en cuenta las siguientes premisas básicas:

    a. Se facilitará el acceso al aula de forma que no le presente ningún impedimento físico.

    b. Tendrá todos los materiales necesarios al alcance de forma que no le resulte ninguna dificultad acceder a ellos.

    c. Se reforzará el apoyo positivo, los elogios y los ánimos.

    d. Cuando se trabaje en gran o pequeño grupo se adaptará la práctica docente a sus circunstancias motoras para fomentar su participación y así que pueda desarrollar la confianza en sí misma y pueda mostrar todas sus capacidades.

    e. Las tareas se adaptarán a la movilidad de la alumna para que se pueda focalizar en el verdadero propósito de estas.

    f. [...]

2. En cuanto al alumnado migrante [...]
3. Para poder atender correctamente al alumno con síndrome de Down [...]

## Reflexión

Por tanto, nuestra propuesta para este apartado de la programación didáctica es la de incluir dos subapartados:

1. La descripción general de la estrategia que se seguirá para atender al alumnado con NEAE. Se trata de dar un paso más del que se dio en el apartado de «Orientaciones metodológicas». Allí se describió la atención a la diversidad en el contexto de los niveles de respuesta I y II. En este apartado proponemos centrarnos en la estrategia general para la atención a la diversidad en el contexto de los niveles de respuesta III y IV. Si las orientaciones generales son las mismas para todas las áreas o ámbitos, debería valorarse la posibilidad de incluir este subapartado en la concreción curricular de centro, de forma que se haga una referencia a esta desde la programación didáctica.

2. La respuesta educativa diferenciada para el alumnado con NEAE identificado en el análisis interno (capítulo «Contextualización»). Por ejemplo: ¿Qué premisas básicas debemos seguir para la alumna con dislexia? ¿Y para el alumno con altas capacidades intelectuales? Este segundo apartado, si procede, debería referenciar el Plan de Actuación Personalizado, documento externo a la programación didáctica, pero a la vez, estrechamente relacionado con ella.

Debemos centrarnos en las orientaciones básicas de atención a la diversidad determinadas por cada comunidad autónoma y concretadas por cada centro educativo.

Por otro lado, la programación didáctica solo debería hacer referencia a los planes personalizados relacionados con la tipología de alumnado que tendremos en nuestra clase. Por ejemplo, si contamos con una alumna con algún tipo de dificultad auditiva, se deberían incluir estrategias básicas relacionadas con la atención educativa a esta dificultad. No sería necesario hacer referencia a dificultades de aprendizaje que no presentan el alumnado de nuestro grupo-clase.

# Capítulo VIII.

# Evaluación del y para el aprendizaje

> «La educación debe preocuparse cada vez más por el pleno desarrollo de todos los niños y jóvenes, y será responsabilidad de las escuelas buscar las condiciones de aprendizaje que permitan a cada persona alcanzar el nivel más alto posible»
>
> Benjamin Bloom (1913-1999)

Evaluar es emitir un juicio que se basa en la comparación de aquello que se observa con algún criterio que se considera válido o adecuado. Dicho juicio puede consistir en una respuesta que contenga indicaciones de mejora (evaluación formativa) y no necesariamente una calificación. Por este motivo, no se ha de confundir evaluar con calificar, ya que esto último implica asociar al desempeño del alumnado una nota, es decir, una calificación.

La programación didáctica ha de otorgar mayor importancia a la evaluación como herramienta para lograr el aprendizaje sin descuidar la evaluación de lo que se aprende. En este apartado de la programación, se propone incluir los siguientes subapartados:

1. Principios de evaluación.
2. Referentes de evaluación.
3. Calificación.
4. Técnicas e instrumentos de evaluación.
5. Evaluación específica para el alumnado con NEAE.
6. Grado de consecución de objetivos y competencias clave.

## 8.1. Principios de evaluación

De acuerdo a la LOMLOE la evaluación del aprendizaje del alumnado debe ser, tanto en Educación Infantil como Educación Primaria «global, continua y formativa».

En este subapartado de la programación didáctica se deben fijar los principios básicos, concretando lo que indica la legislación y las orientaciones básicas a nivel de centro educativo.

Se trata de concretar la legislación y en ningún caso repetir lo que ya aparece en la norma. La programación didáctica debe concretar, contextualizar y hacer operativas, junto a la programación de aula, las líneas generales que nos marca la legislación.

Además, se han de contemplar las características del centro educativo. Si ningún hombre es una isla[27], tampoco lo es el profesorado. Se ha de trabajar en red, de forma colaborativa con el resto del equipo educativo, y además siguiendo una línea pedagógica clara. Esta línea es la propuesta pedagógica del centro y debe definirse en su concreción curricular. Puesto que la concreción curricular ha de hacer alguna referencia a la evaluación y a la calificación, es pertinente incluirla, contextualizarla y concretarla en la programación didáctica.

 EJEMPLO 8.1.

### Posible redacción del subapartado «Principios de evaluación»

Supongamos que se debe redactar este subapartado de la programación didáctica en el contexto de una comunidad autónoma y un centro educativo en el que se indica que para la Educación Primaria la evaluación será: global, continua y formativa.

Tal y como se ha anotado más arriba, la programación didáctica no debe reproducir lo que ya se escribe en la norma. Es decir, no deberíamos limitarnos a escribir: «La evaluación será global, continua y formativa». Puesto que esto ya se incluye en la legislación y en la propia concreción curricular del centro, lo verdaderamente importante es especificar cómo se va a materializar y hacer operativa. Es decir, cómo se logrará lo que prescribe la legislación y la concreción curricular del centro.

---

27   «Ningún hombre es una isla por sí mismo. Cada hombre es una pieza de un continente, una parte del todo», John Donne (1572-1631).

Se podría redactar como sigue:

«La evaluación será global, continua y formativa:

- Será global porque se tendrá en cuenta el grado de consecución de las competencias clave y sus descriptores operativos, cuando se evalúen los criterios de evaluación de cada una de las competencias específicas.
- Será continua porque, independientemente de la calificación, el alumnado recibirá feedback constante de las actividades y tareas de aprendizaje.
- Será formativa porque la información asociada al feedback siempre estará encaminada hacia la mejora y el desarrollo del alumnado».

## **8.2.** **Referentes de evaluación**

Tradicionalmente, para evaluar al alumnado se toman como referencia los instrumentos de evaluación (exámenes, trabajos, libretas…) y se asigna un peso específico a cada uno de ellos para obtener una calificación. También es habitual establecer una división tripartita que tiene en cuenta los contenidos, los procedimientos y las actitudes, de forma que cada uno de los instrumentos de evaluación se asigna a una de las categorías anteriores. Por ejemplo, un examen habitualmente corresponde a la parte de contenidos conceptuales.

Esta división tripartita se inició en la Ley Orgánica General del Sistema Educativo (LOGSE) de 1990 y debería haber desaparecido en la LOE de 2006, que introdujo en su lugar las competencias básicas (ahora competencias clave). Por tanto, no tiene sentido utilizar esta clasificación obsoleta en una programación didáctica que se basa en un enfoque competencial.

En este contexto, centrar la evaluación en los instrumentos de evaluación no es la mejor manera de dar respuesta a este enfoque. Debe dejarse atrás la división en conceptos, procedimientos y actitudes. Es necesario también dejar de referenciar los exámenes, la libreta y la asistencia, para dar paso a un nuevo modelo de evaluación y calificación.

No es un cambio menor y en muchos casos puede crear una importante disonancia cognitiva. Tanto es así, que se podría afirmar que es necesario asumir un cambio de paradigma, pues no solo se trata de una nueva nomenclatura para conceptos ya conocidos, sino de un nuevo modelo de evaluación.

En este nuevo modelo no han de desaparecer los instrumentos de evaluación, pero han de considerarse como tales: instrumentos, es decir, herramientas, y no fines en sí mismos. En una programación por competencias, los referentes para la evaluación no son los instrumentos, sino los criterios de evaluación, los descriptores operativos de las competencias clave y el propio crecimiento del alumnado (cognitivo, emocional, afectivo…). En definitiva, tomando como marco la LOMLOE y su desarrollo curricular, los criterios de evaluación y los descriptores operativos, que la legislación facilita para cada una de las materias del currículo, son la piedra angular de la evaluación.

Para interiorizar que los referentes fundamentales de la evaluación son los descriptores operativos y los criterios de evaluación, es necesario conocer los conceptos clave que utiliza la legislación y cómo se relacionan entre ellos. Procede retomar aquí el siguiente diagrama, introducido en el capítulo IV, que representa esta relación de dependencia mutua:

**Diagrama 4.1. Relación entre elementos curriculares LOMLOE**

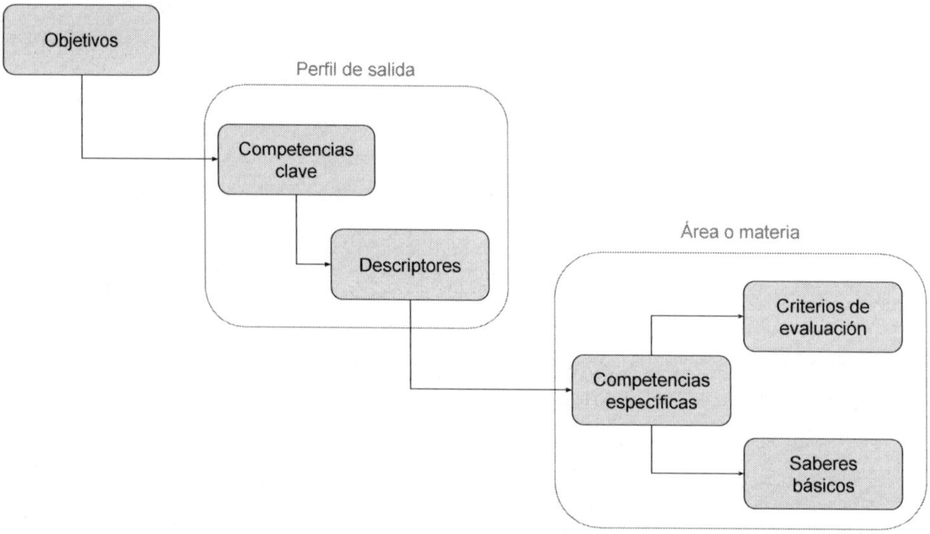

Las relaciones que se establecen entre estos conceptos son las siguientes:
- En la evaluación del proceso de aprendizaje del alumnado debe tenerse en cuenta la consecución de los objetivos de etapa y el desarrollo de las competencias clave. Esto es lo que en la Educación Primaria se llama Perfil de salida[28].

---

28   Se recuerda que en Educación Infantil no hay mención alguna al Perfil de salida.

- Cada una de las competencias clave se concreta en una serie de descriptores operativos, en el caso de Educación Primaria, que constituyen el marco referencial de cada área o ámbito.
- En Educación primaria, para cada área o ámbito estos descriptores se detallan en competencias específicas. En el caso de la Educación Infantil, las competencias específicas de cada área concretan las competencias clave de la etapa.
- Se incluye una serie de saberes básicos que deben trabajarse de forma que su adquisición vaya siempre ligada al desarrollo de estas competencias específicas, es decir, de manera competencial. Los saberes básicos son el medio para trabajar las competencias específicas, pero también los conocimientos mínimos que el alumnado debe adquirir.
- Finalmente, los criterios de evaluación son los indicadores que permiten medir el grado de adquisición de las competencias específicas.

Por tanto, se puede afirmar que dar respuesta a los criterios de evaluación permite satisfacer las competencias específicas. A su vez, cumplir con las competencias específicas contribuye al desarrollo de las competencias clave. Por último, responder a las competencias clave contribuye a lograr la consecución de los objetivos.

Otra forma de plasmar esta relación sería la siguiente: los criterios de evaluación representan la concreción de las competencias específicas, mientras que los descriptores operativos representan la concreción de las competencias clave. Por eso, deben combinarse ambos elementos para obtener una evaluación holística de ambas competencias y por ello los instrumentos de evaluación han de responder a estos dos elementos:

1. Los descriptores operativos de las competencias clave, que permiten determinar el grado de consecución de estas últimas y que, junto a los objetivos de etapa, constituyen el marco a partir del cual se concretan las competencias específicas[29].

2. Los criterios de evaluación, que indican los niveles de desempeño del alumnado en las situaciones de aprendizaje derivadas de las competencias específicas de cada área o ámbito.

---

29   En el caso de Educación Infantil se ha de acudir directamente a las competencias clave en esta relación.

**Diagrama 8.1. Relación entre competencias clave,
descriptores, competencias específicas y criterios de evaluación.**

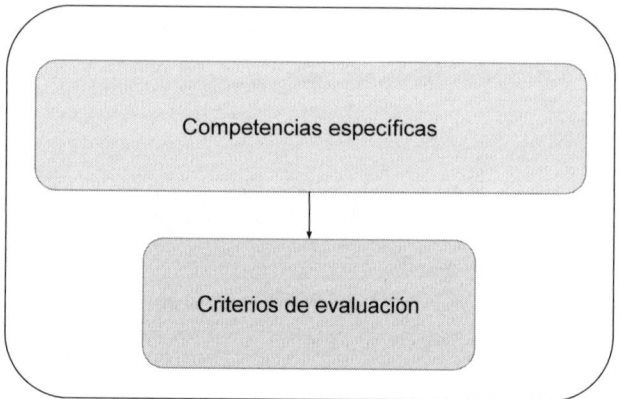

La evaluación tanto en Educación Infantil como Primaria ha de ser global, continua y formativa, y por tanto el proceso de enseñanza y aprendizaje no puede centrarse en una única área o ámbito sino que ha de tener una perspectiva holística. Las competencias clave, en el caso de Educación Infantil, y las competencias clave y los descriptores operativos, en el caso de Educación Primaria, son precisamente los elementos curriculares que aportan ese marco referencial. Tomando como base una evaluación formativa, es decir, una evaluación que forma parte del propio proceso de enseñanza y aprendizaje, esta debe combinar ambos elementos de la siguiente forma:

1. Los descriptores operativos o las competencias clave aportan una visión de conjunto de la etapa.
2. Los criterios de evaluación aportan una visión específica del área o ámbito (competencias específicas).

En conclusión, las competencias clave, los descriptores operativos y los criterios de evaluación deben ser los referentes para la evaluación de las áreas o ámbitos. Esta afirmación, junto con la relación de criterios de evaluación, competencias específicas, descriptores operativos y competencias clave es lo que debe quedar reflejado de manera clara en este subapartado de la programación didáctica.

La combinación entre criterios de evaluación y descriptores operativos o competencias clave puede realizarse de dos formas:

1. De manera independiente, es decir, los criterios de evaluación se evalúan y califican de manera independiente a los descriptores o competencias.

2. De manera integrada, es decir, los criterios de evaluación y los descriptores operativos o competencias clave se combinan de manera que estos últimos sirvan como niveles de desempeño de los primeros.

En el siguiente diagrama se representa la propuesta de pasos a seguir para hacer operativa la evaluación competencial:

**Diagrama 8.2. Secuencia para hacer operativa una evaluación competencial.**

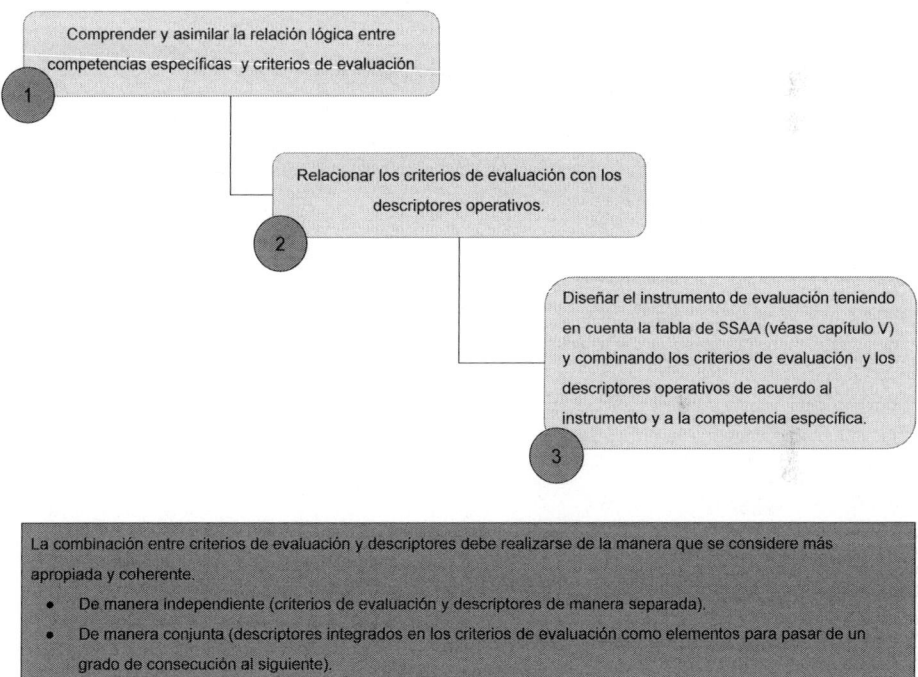

En conclusión, en el subapartado «Referentes de evaluación» se debe evidenciar:

1. Que los referentes para la evaluación son los criterios de evaluación de las competencias específicas y los descriptores operativos de las competencias clave o directamente las competencias clave en el caso de Educación Infantil.

2. La relación entre competencias específicas, criterios de evaluación y descriptores operativos o competencias clave.

## EJEMPLO 8.2.

### Tabla ejemplo 8.2. Relación entre competencias específicas, criterios de evaluación y descriptores

**Matemáticas – 3.er Ciclo Primaria**

| Competencias específicas | Criterios de evaluación | CCL 1 | CCL 2 | CCL 3 | CCL 4 | CCL 5 | CP 1 | CP 2 | CP 3 | STEM 1 | STEM 2 | STEM 3 | STEM 4 | STEM 5 | CD 1 | CD 2 | CD 3 | CD 4 | CD 5 | CPSAA 1 | CPSAA 2 | CPSAA 3 | CPSAA 4 | CPSAA 5 | CC 1 | CC 2 | CC 3 | CC 4 | CE 1 | CE 2 | CE 3 | CCEC 1 | CCEC 2 | CCEC 3 | CCEC 4 |
|---|---|---|---|---|---|---|---|---|---|---|---|---|---|---|---|---|---|---|---|---|---|---|---|---|---|---|---|---|---|---|---|---|---|---|---|
| | | | | | | | | | | | | | | | | | | | Descriptores asociados | | | | | | | | | | | | | | | |
| 1. Interpretar situaciones de la vida cotidiana, proporcionando una representación matemática de las mismas mediante conceptos, herramientas y estrategias, para analizar la información más relevante. | 1.1 Comprender problemas de la vida cotidiana a través de la reformulación de la pregunta, de forma verbal y gráfica. | | | | | | | | | | | | | | | | | | | | | | | | | | | | | | | | | | |
| | 1.2 Elaborar representaciones matemáticas que ayuden en la búsqueda y elección de estrategias y herramientas, incluidas las tecnológicas, para la resolución de una situación problematizada. | | | | | | | | | X | X | | | | | X | | | | | | X | | | | | X | | | | | | | | X |
| 2. Resolver situaciones problematizadas, aplicando diferentes técnicas, estrategias y formas de razonamiento, para explorar distintas maneras de proceder, obtener soluciones y asegurar su validez desde un punto de vista formal y en relación con el contexto planteado. | 2.1 Seleccionar entre diferentes estrategias para resolver un problema, justificando la elección. | | | | | | | | | | | | | | | | | | | | | | | | | | | | | | | | | | |
| | 2.2 Obtener posibles soluciones de un problema, seleccionando entre varias estrategias conocidas de forma autónoma. | | | | | | | | | X | X | | | | | | | | | | | X | X | | | | | | | X | | | | | |
| | 2.3 Comprobar la corrección matemática de las soluciones de un problema y su coherencia en el contexto planteado. | | | | | | | | | | | | | | | | | | | | | | | | | | | | | | | | | | |
| 3. Explorar, formular y comprobar conjeturas sencillas o plantear problemas de tipo matemático en situaciones basadas en la vida cotidiana, de forma guiada, reconociendo el valor del razonamiento y la argumentación, para contrastar su validez, adquirir e integrar nuevo conocimiento. | 3.1 Formular conjeturas matemáticas sencillas investigando patrones, propiedades y relaciones de forma guiada. | X | | | | | | | | | | | | | | | | | | | | | | | | | | | | | | | | | |
| | 3.2 Plantear nuevos problemas sobre situaciones cotidianas que se resuelvan matemáticamente. | | | | | | | | | X | X | | | | X | X | | | | | | | | | | | | | | | | | | | |
| 4. Utilizar el pensamiento computacional, organizando datos, descomponiendo en partes, reconociendo patrones, generalizando e interpretando, modificando y creando algoritmos de forma guiada, para modelizar y automatizar situaciones de la vida cotidiana. | 4.1 Modelizar situaciones de la vida cotidiana utilizando, de forma pautada, principios básicos del pensamiento computacional. | | | | | | | | | X | X | X | | | | X | | | | | | | | | | | | | X | | | | | | |
| | 4.2 Emplear herramientas tecnológicas adecuadas en la investigación y resolución de problemas. | | | | | | | | | | | | | | | | | | | | | | | | | | | | | | | | | | |
| 5. Reconocer y utilizar conexiones entre los diferentes ideas matemáticas, así como identificar las matemáticas implicadas en otras áreas o en la vida cotidiana, interrelacionando conceptos y procedimientos, para interpretar situaciones y contextos diversos. | 5.1 Utilizar conexiones entre diferentes elementos matemáticos movilizando conocimientos y experiencias propios. | | | | | | | | | X | | | | | | X | | | | | | | | | | | X | | | | | | | | X |
| | 5.2 Utilizar las conexiones entre las matemáticas, otras áreas y la vida cotidiana para resolver problemas en contextos no matemáticos. | | | | | | | | | X | | | | | | X | | | | | | | | | | | | | X | | | | | | |

### Matemáticas - 3.er Ciclo Primaria

| Competencias específicas | Criterios de evaluación | CCL | | | | | CP | | | STEM | | | | | CD | | | | | CPSAA | | | | | CC | | | | CE | | | CCEC | | | |
|---|---|---|---|---|---|---|---|---|---|---|---|---|---|---|---|---|---|---|---|---|---|---|---|---|---|---|---|---|---|---|---|---|---|---|---|
| | | 1 | 2 | 3 | 4 | 5 | 1 | 2 | 3 | 1 | 2 | 3 | 4 | 5 | 1 | 2 | 3 | 4 | 5 | 1 | 2 | 3 | 4 | 5 | 1 | 2 | 3 | 4 | 1 | 2 | 3 | 1 | 2 | 3 | 4 |
| 6. Comunicar y representar, de forma individual y colectiva, conceptos, procedimientos y resultados matemáticos, utilizando el lenguaje oral, escrito, gráfico, multimodal y la terminología apropiados, para dar significado y permanencia a las ideas matemáticas. | 6.1 Interpretar el lenguaje matemático sencillo presente en la vida cotidiana en diferentes formatos, adquiriendo vocabulario apropiado y mostrando la comprensión del mensaje. | X | | | | | | | | | | | | | | | | | | | | | | | | | | | | | | | | | X |
| | 6.2 Comunicar en diferentes formatos las conjeturas y procesos matemáticos, utilizando lenguaje matemático adecuado. | | | | | | | | X | X | X | X | | | | | X | | | | | | | | | | | | | | | | | | X |
| 7. Desarrollar destrezas personales que ayuden a identificar y gestionar emociones al enfrentarse a retos matemáticos, fomentando la confianza en las propias posibilidades, aceptando el error como parte del proceso de aprendizaje y adaptándose a las situaciones de incertidumbre, para mejorar la perseverancia y disfrutar en el aprendizaje de las matemáticas. | 7.1 Autorregular las emociones propias y reconocer algunas fortalezas y debilidades, desarrollando así la autoconfianza al abordar retos matemáticos. | | | | | | | | | | | | | | | | | | | | | | | | | | | | | | | | | | |
| | 7.2 Elegir actitudes positivas ante retos matemáticos, tales como la perseverancia y la responsabilidad, valorando el error como una oportunidad de aprendizaje. | | | | | | | | | | | X | | | X | | | | | X | X | | | | | | | | X | X | | | | | |
| 8. Desarrollar destrezas sociales, reconociendo y respetando las emociones, las experiencias de los demás y el valor de la diversidad y participando activamente en equipos de trabajo heterogéneos con roles asignados, para construir una identidad positiva como estudiante de matemáticas, fomentar el bienestar personal y crear relaciones saludables. | 8.1 Trabajar en equipo en activa, respetuosa y responsablemente, mostrando iniciativa, comunicándose de forma efectiva, valorando la diversidad, mostrando empatía y estableciendo relaciones saludables basadas en el respeto, la igualdad y la resolución pacífica de conflictos. | | | | | | X | | | X | | | | | | | | | | X | | | | | X | X | | | | | | | | | |
| | 8.2 Colaborar en el reparto de tareas, asumiendo y respetando las responsabilidades individuales asignadas y empleando estrategias de trabajo en equipo sencillas dirigidas a la consecución de objetivos compartidos. | | | | | | | | | | | | | | | | | | | X | | | | | | | | | | | | | | | |

*Descriptores asociados*

Los descriptores operativos de las competencias clave y los criterios de evaluación son los referentes operativos para la evaluación del área de Matemáticas.

El anexo II del Real Decreto 157/2022 establece la relación entre estos elementos que se muestra en la siguiente tabla:

## Reflexión

Estamos convencidos de que en ningún caso debemos descuidar el desarrollo integral del alumnado, tomando como punto de partida el propio alumno o alumna (evaluación idiosincrática). Es decir, no solo deberíamos utilizar los criterios de evaluación y descriptores operativos (evaluación criterial).

Se trata también de registrar la evolución del alumnado comparándolo consigo mismo, es decir, tomando como referencia (punto de comparación) el propio alumnado en un momento determinado.

Esta evaluación idiosincrática queda fuera del alcance de este libro, pero invitamos al lector o lectora a reflexionar y a explorar en ella, pues contribuir al desarrollo integral del alumnado tendrá un efecto positivo sobre el grado de consecución de los criterios de evaluación y los descriptores operativos.

Por ejemplo, si desarrollamos la cognición y metacognición, la comunicación, la afectividad y/o la autonomía del alumnado, lograremos un impacto positivo sobre el grado de adquisición de los elementos puramente curriculares.

Una propuesta interesante es la del modelo educativo «Proyecto Roma» (http://proyectoroma.com/).

En cada una de las tablas específicas de situaciones de aprendizaje, concretamente a través de las distintas tareas o actividades, se detallan los criterios de calificación y los instrumentos de evaluación de acuerdo a los siguientes dos subapartados de la programación didáctica.

## 8.3. Calificación

La programación didáctica es una herramienta de trabajo docente, pero también un documento que se utiliza para informar y para guiar un procedimiento administrativo. Por lo tanto, es muy importante especificar de forma clara los porcentajes que permitirán obtener la calificación final del alumnado, y de esta forma justificar la nota del boletín de calificaciones y dar una respuesta clara, directa y coherente a potenciales reclamaciones.

Obviamente estos porcentajes deben alinearse con las técnicas e instrumentos de evaluación. Puesto que los criterios de evaluación y los descriptores operativos son los referentes para la evaluación, los porcentajes de calificación deberían asociarse a estos ítems y no a los tradicionales conceptos, procedimientos y actitudes. Así pues, la calificación se obtendrá de un conjunto de criterios de evaluación y descriptores, que contribuirán a la nota de forma proporcional, según el porcentaje que se le haya asignado a cada uno de ellos.

### Reflexión

*Proponemos explicar de forma nítida cómo se calificará, ya que la calificación es una parte de la evaluación. No es ni mucho menos la parte más importante, al menos en una evaluación formativa, pero en la programación didáctica es imprescindible dejar claras las normas del juego. En definitiva, ¿cómo se obtiene la nota que aparece en el boletín?*

*Para ello, se han de indicar de forma clara cuáles son los porcentajes que justifican la calificación final del alumnado y cómo se obtienen. ¿Queda claro esto en la programación didáctica?*

*Es importante centrar la calificación en los referentes de evaluación (criterios de evaluación y descriptores) y no en los instrumentos. Por tanto, ¿se están aplicando los porcentajes a los criterios de evaluación y a los descriptores de las competencias clave o a los instrumentos?*

**EJEMPLO 8.3.**

## Redacción del subapartado «Calificación» del área de Educación Primaria «Educación en Valores Cívicos y Éticos»

La calificación de la materia de «Educación en Valores Cívicos y Éticos» tomará como referentes los criterios de evaluación y los descriptores. Serán estos últimos (los descriptores), los que determinarán el grado de consecución para cada uno de los criterios de evaluación.

La calificación se basará en los porcentajes de relevancia proporcionales al tiempo dedicado a cada uno de los criterios de evaluación. Atendiendo a esta premisa y a la temporalización inicialmente planificada, los porcentajes de calificación asignados a cada competencia específica y a sus criterios de evaluación serán los siguientes:

**Competencia específica 1 (autoconocimiento): 20%**

CE 1.1 (construir concepto de sí mismo): 10%

CE 1.2 (identificar y expresar emociones): 5%

CE 1.3 (generar autonomía moral): 5%

**Competencia específica 2 (convivencia): 50%**

CE 2.1 (promover y demostrar convivencia democrática): 10%

CE 2.2 (fomentar la ciudadanía cívica y ética): 10%

CE 2.3 (compromiso activo y crítico): 10%

CE 2.4 (compromiso con la igualdad de género): 10%

CE 2.5 (comprender y valorar la justicia y solidaridad): 10%

**Competencia específica 3 (vida sostenible): 20%**

CE 3.1 (evaluar alternativas con el cambio climático): 10%

CE 3.2 (compromiso activo con el respeto, cuidado y protección): 10%

**Competencia específica 4 (empatía): 10%**

CE 4.1 (gestionar de las emociones): 10%

Estos porcentajes se traducirán en el boletín a una calificación numérica entre 1 y 10 puntos.

## Reflexión

En el caso de Educación Infantil observamos cambios en cuanto a los criterios dentro de la evaluación con respecto a otras etapas. Como ya hemos indicado, no hay mención alguna en la legislación al Perfil de salida y a los descriptores operativos de las competencias clave. En el caso de la calificación tampoco es una excepción, ya que, debido al carácter propio de la etapa no se puede evaluar cuantitativamente al alumnado. Aun así, hacemos referencia al Real Decreto 95/2022, de 1 de febrero, por el que se establece la ordenación y las enseñanzas mínimas de la Educación Infantil, donde se indican, en su artículo 12, unos criterios generales en cuanto a cómo debe ser la evaluación en esta etapa. Estos criterios se desarrollan posteriormente dentro de cada marco autonómico.

«Artículo 12. Evaluación.

1. La evaluación será global, continua y formativa. La observación directa y sistemática constituirá la técnica principal del proceso de evaluación.

2. La evaluación en esta etapa estará orientada a identificar las condiciones iniciales individuales y el ritmo y características de la evolución de cada niño o niña. A estos efectos, se tomarán como referencia los criterios de evaluación establecidos para cada ciclo en cada una de las áreas.

3. El proceso de evaluación deberá contribuir a mejorar el proceso de enseñanza y de aprendizaje mediante la valoración de la pertinencia de las estrategias metodológicas y de los recursos utilizados. Con esta finalidad, todos los profesionales implicados evaluarán su propia práctica educativa.

4. Los padres, las madres, los tutores y las tutoras legales deberán participar y apoyar la evolución del proceso educativo de sus hijos, hijas, tutelados o tuteladas, así como conocer las decisiones relativas a la evaluación y colaborar en las medidas que adopten los centros para facilitar su progreso educativo».

## 8.4. Técnicas e instrumentos de evaluación

En la programación didáctica no es necesario describir qué se entiende por técnica e instrumento de evaluación. Ahora bien, en este libro se ha considerado oportuno definir, en primer lugar, estos conceptos.

En el libro «e-Evaluación orientada al e-Aprendizaje estratégico en Educación Superior», Rodríguez e Ibarra[30] definen las técnicas e instrumentos de evaluación como:

- Técnicas de evaluación: «Estrategias que utiliza el evaluador para recoger sistemáticamente información sobre el objeto evaluado».
- Instrumentos de evaluación: «Herramientas reales y tangibles utilizadas por la persona que evalúa para sistematizar sus valoraciones sobre los diferentes aspectos».

Por tanto, las técnicas de evaluación responden a la cuestión «¿Cómo evaluar?» y se refieren a los modelos y procedimientos utilizados. Podrían clasificarse las técnicas atendiendo a distintos criterios. Por ejemplo:

- En función del agente evaluador: heteroevaluación (evaluador externo), autoevaluación y evaluación mixta (donde encontraríamos la coevaluación o evaluación entre iguales).
- En función de la materialización: análisis documental, observación, pruebas, entrevistas...

Por su parte, los instrumentos de evaluación responden a «¿Con qué evaluar?», es decir, herramientas y recursos específicos que se aplican en la evaluación. Algunos ejemplos son: rúbricas, escalas de valoración, listas de cotejo, cuestionarios de respuesta escrita, guión de revisión de los cuadernos de clase, *portfolio*, guión de una entrevista...

Tras haber definido los conceptos de técnicas e instrumentos, procede volver de nuevo a la programación didáctica.

Una vez indicados los referentes de evaluación y el sistema de calificación, el apartado de evaluación del y para el aprendizaje debe incluir también las técnicas e instrumentos de evaluación que se utilizarán. Estas técnicas e instrumentos deben ser diversos y cumplir con las características de evaluación indicadas en la legislación y concretadas por el propio centro educativo. También es necesario no perder de vista las características de una evaluación inclusiva.

---

30   Rodríguez Gómez, G., Ibarra Sáiz, M.S. (Eds.) (2018), e-*Evaluación orientada al e-Aprendizaje estratégico en Educación Superior,* Narcea, pp.. 71-72.

En este subapartado no debe concretarse y asociarse cada técnica e instrumento de evaluación a cada situación de aprendizaje, competencia específica, criterio de evaluación y descriptor operativo, pues esto ya se ha hecho en cada tabla de situación de aprendizaje. Tampoco deberían desarrollarse los instrumentos de evaluación, pues esto le corresponde a la programación de aula.

### Reflexión

*Este subapartado debe servir para reflexionar respecto a la adecuación de los procedimientos e instrumentos de evaluación al alumnado y a la materia. Entre otros:*

1. *¿Qué objetivo de aprendizaje se pretende alcanzar?*
2. *¿Los procedimientos e instrumentos son acordes con este objetivo?*
3. *¿Los procedimientos e instrumentos son adecuados a las competencias específicas, criterios de evaluación y descriptores operativos asociados a la materia?*
4. *¿Se atienden las necesidades del alumnado?*

 EJEMPLO 8.4.I.

### Posible redacción del subapartado «Técnicas e instrumentos de evaluación» de un área de Educación Primaria

Como técnicas de evaluación se emplearán:

- La autoevaluación, para fomentar la autorreflexión, el desarrollo metacognitivo y el incremento de la autonomía.
- La coevaluación, para desarrollar la empatía y la autorreflexión.
- La heteroevaluación, para ayudar al alumnado a identificar los puntos de mejora. Para ello se empleará un *feedback* fundamentalmente centrado en el proceso, aunque en determinadas situaciones es posible que se utilice un *feedback* centrado en la tarea e incluso en el alumnado.

Como instrumentos de evaluación se emplearán:

- Para la autoevaluación, el *portfolio* de aprendizaje.
- Para la coevaluación, las dianas de aprendizaje o rúbricas diseñadas al efecto.
- Para la heteroevaluación, fundamentalmente las rúbricas.

Los descriptores operativos de las competencias clave se utilizarán para pasar de un nivel de desempeño al siguiente dentro de cada criterio de evaluación.

En el caso de las rúbricas, estas tendrán, al menos, cuatro niveles de desempeño e incluirán descriptores que permitan al alumnado identificar qué debe hacer para conseguir el mejor nivel de desempeño esperado. Es decir, las rúbricas servirán no solo para evaluar, sino también como guía para el desarrollo de los proyectos y tareas de aprendizaje (evaluación formativa).

En algunos casos y de manera excepcional, pueden emplearse otros instrumentos de evaluación como por ejemplo: las entrevistas, las pruebas escritas u orales.

Como se ha indicado en párrafos anteriores, los instrumentos de evaluación deben concretarse en la programación de aula y por tanto, quedan fuera del objeto del presente libro. De cualquier modo, se resalta la importancia de tomar los criterios de evaluación como referentes y tener siempre presente la adecuación de cada instrumento a la finalidad que se persigue. Así, por ejemplo, un instrumento para desarrollar una técnica de «heteroevaluación» debe ser más concreto que un instrumento que desarrolle una técnica de «autoevaluación», pues en esta última se persigue la reflexión.

 EJEMPLO 8.4.2.

## Diana de autoevaluación asociada al criterio de evaluación 4.1 del área de Conocimiento del medio natural, social y cultural de 2.º ciclo de Educación Primaria

## 8.5. Evaluación específica para el alumnado con NEAE

En la programación didáctica se han dedicado diferentes apartados y subapartados para reflexionar y planificar la atención del alumnado con NEAE. La evaluación no puede ser menos, y en este sentido se propone incluir un subapartado que atienda las peculiaridades del alumnado con mayores barreras para el acceso, el aprendizaje y la participación.

No se trata de detallar las medidas de respuesta educativa, y menos aún de reflexionar sobre las peculiaridades del alumnado con NEAE, sino de indicar las medidas que se tomarán en cuanto a la evaluación y la calificación. Para ello es necesario partir del análisis previo de la realidad del grupo-clase, como se ha tratado anteriormente.

En este libro se entiende que la necesidad de recuperar un área, o parte de la misma, también es una medida específica para alumnado con NEAE. El alumnado que no ha conseguido superar la totalidad de un área, o parte de ella, es un alumno o alumna que requiere apoyo educativo. Por tanto, se propone hacer referencia a estas medidas extraordinarias precisamente en este subapartado de la programación didáctica. No obstante, el lector o lectora podría considerar procedente dedicar un subapartado independiente a las medidas de recuperación. Esta consideración también sería válida, pero no es la que se propone en este libro.

En este subapartado, pueden plantearse cuestiones como:
- ¿Se utilizarán técnicas e instrumentos de evaluación concretos para eliminar una barrera de inclusión específica?
- ¿La evaluación y calificación del alumnado con NEE deberá tener alguna particularidad?
- En el supuesto de tener el área objeto de programación pendiente, ¿cómo podrá recuperarse?

A grandes rasgos, se deberían trazar unas líneas que definan las peculiaridades de evaluación y calificación para el alumnado con NEAE, y también las estrategias para atender las necesidades de refuerzo y recuperación de las competencias específicas, e incluso de las competencias clave, si fuera el caso. La recuperación puede que sea de parte del área o de la totalidad pendiente de un curso anterior.

De manera análoga a lo que ya se indicó en el capítulo «Inclusión educativa del alumnado con NEAE», en este subapartado se ha de incluir una respuesta educativa diferenciada para el alumnado con NEAE identificado en el análisis interno (capítulo «Contextualización»).

 **EJEMPLO 8.5.**

### Posible redacción del subapartado «Evaluación específica para el alumnado NEAE» de la materia de Matemáticas de 2.º de Educación Primaria

Supóngase que en el análisis interno del apartado «Contextualización» de la materia de matemáticas se ha identificado el alumnado NEAE siguiente:

- 1 niño diagnosticado con Trastorno de Déficit de Atención con Hiperactividad (TDAH).
- 1 niña con dificultades de visión.

Atendiendo a este contexto y teniendo en cuenta la información disponible acerca del desempeño del alumnado, la redacción del subapartado «Evaluación específica para el alumnado con NEAE» podría ser la siguiente:

- En el caso del niño con TDAH, se utilizarán los mismos principios, referentes e instrumentos, pero se dividirán las actividades de evaluación en tareas de menor duración, a cuyo término se facilitará *feedback* centrado en el proceso metacognitivo y refuerzo positivo. Las actividades de evaluación donde la dificultad de atención suponga una barrera mayor irán precedidas de actividades introductorias de refuerzo, de manera que se facilite la gestión de la memoria de trabajo y el paso de los aprendizajes de esta memoria a la memoria profunda.
- Para la niña con dificultades de visión, se adaptarán todos los instrumentos de evaluación de acuerdo a los principios del DUA, ampliando e incluso adaptado tamaños y colores para que en ningún caso la barrera de visión suponga un inconveniente. Se utilizarán, por ejemplo, números más grandes y gráficos con fondos milimetrados.

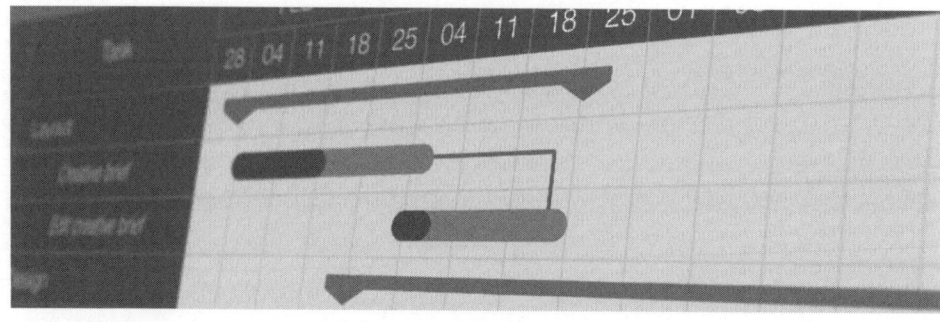

## 8.6. Grado de consecución de objetivos y competencias clave

El artículo 15 del R.D. 157/2022, por el que se establece la ordenación y las enseñanzas mínimas de la Educación Primaria, indica lo siguiente en cuanto a la promoción del alumnado[31]:

«Artículo 15. Promoción.

1. Al final de cada ciclo, el equipo docente adoptará las decisiones relativas a la promoción del alumnado de manera colegiada, tomando especialmente en consideración la información y el criterio del tutor o la tutora.

2. El alumnado recibirá los apoyos necesarios para recuperar los aprendizajes que no hubiera alcanzado durante el curso anterior.

3. Si en algún caso y tras haber aplicado las medidas ordinarias suficientes, adecuadas y personalizadas para atender el desfase curricular o las dificultades de aprendizaje del alumno o la alumna, el equipo docente considera que la permanencia un año más en el mismo curso es la medida más adecuada para favorecer su desarrollo, se organizará un plan específico de refuerzo para que, durante ese curso, pueda alcanzar el grado esperado de adquisición de las competencias correspondientes. Esta decisión solo se podrá adoptar una vez durante la etapa y tendrá, en todo caso, carácter excepcional.

4. Al finalizar cada uno de los ciclos, el tutor o la tutora emitirá un informe sobre el grado de adquisición de las competencias clave por parte de cada alumno o alumna, indicando en su caso las medidas de refuerzo que se deben contemplar en el ciclo o etapa siguiente.

5. Con el fin de garantizar la continuidad del proceso de formación del alumnado, cada alumno o alumna dispondrá al finalizar la etapa de un informe sobre su evolución y el grado de desarrollo de las competencias clave, según lo dispuesto por las administraciones educativas».

Por lo tanto, se parte de que el grado de adquisición de las competencias clave es el referente para la promoción en la Educación Primaria. Teniendo en cuenta la estrecha relación entre competencias clave y objetivos, en este libro se propone tener en cuenta también el grado de consecución de los objetivos de la etapa.

---

31   En el caso de Educación Infantil no existe mención alguna a la promoción del alumnado.

Ahora bien, para evaluar este logro se pueden emplear diferentes tipos de pruebas, cuantitativas y cualitativas. En cualquier caso, es muy importante la coherencia de estas pruebas con lo que se pretende medir.

En el libro ¿Cómo aprendemos? Una aproximación científica al aprendizaje y la enseñanza[32], Héctor Ruiz Martín identifica y define los parámetros de la evaluación de la siguiente forma:

1.  Validez: «Se refiere a si realmente se mide lo que se pretende medir. O mejor dicho, a si los resultados que proporciona la prueba se interpretan como realmente son».

2.  Fiabilidad: «Una prueba tiene fiabilidad si la calificación que proporciona para un alumno en concreto es replicable y consistente».

3.  Exactitud: «Se refiere a cuán cercana es la medida obtenida mediante la prueba al valor real de lo que pretendemos medir».

4.  Precisión: «Es un concepto que alude realmente a las calificaciones y no tanto a la prueba en sí. Se refiere a cuán amplio son los baremos de calificación que diferencian el desempeño de un alumno del de otro».

De estos cuatro parámetros interesa resaltar el de la «fiabilidad». Una prueba cuyos resultados dependan de quién la corrija tendrá una fiabilidad muy limitada y, en consecuencia, no puede considerarse válida.

Los objetivos de etapa y las competencias clave son elementos curriculares que no se asignan directamente a una única área o ámbito. Por tanto, determinar su grado de consecución requiere, necesariamente, la aportación de todas las áreas o ámbitos y la cooperación y coordinación de todo el profesorado que las imparte.

Se propone que en la concreción curricular del centro se defina la forma en la que las áreas o ámbitos contribuyen, así como la manera en la que el profesorado cooperará para conseguir este fin.

El artículo 2 de los reales decretos de ordenación y enseñanzas mínimas de Educación Infantil y Educación Primaria establece, para el caso de los objetivos, que su «consecución está vinculada a la adquisición de las competencias clave». Por esto, para determinar su grado de consecución podría utilizarse un modelo que los considere de forma aislada u otro que incorpore las competencias.

---

32  Ruiz Martín, H. (2020), ¿Cómo aprendemos? Una aproximación científica al aprendizaje y la enseñanza. Barcelona: Graó, pp. 281-282.

A continuación se ilustran dos posibilidades:

1. La decisión colegiada del equipo educativo. Esta decisión debería tomarse en una sesión de evaluación de acuerdo a un instrumento de evaluación concreto y consensuado, por ejemplo, una rúbrica. Este instrumento debería estar incluido en la concreción curricular del centro y determinaría los grados de consecución de cada objetivo para cada curso.

2. Un algoritmo que relacione objetivos con competencias clave. Podría plasmarse, por ejemplo, en una aplicación informática o en una hoja de cálculo. El algoritmo debería asignar un porcentaje de relevancia ponderado entre los objetivos y las competencias clave. Las competencias clave como tales podrían medirse con alguna de las propuestas que se detallan más adelante.

 EJEMPLO 8.6.

## Parte de la rúbrica para evaluar el grado de consecución de objetivos de 2.º ciclo de Educación Infantil: gradación del objetivo a) de 2.º ciclo de Educación Infantil

| Objetivo | a) Conocer su propio cuerpo y el de los otros, así como sus posibilidades de acción y aprender a respetar las diferencias. | b) Observar y explorar su entorno familiar, natural y social. |
|---|---|---|
| No conseguido | No conoce su propio cuerpo. | ... |
| Conseguido en 1.º de Educación Infantil (3 años) | Conoce su propio cuerpo y el de los otros. | ... |
| Conseguido en 2.º de Educación Infantil (4 años) | Además de lo indicado en el nivel anterior: conoce sus posibilidades de acción. | ... |
| Conseguido en 3.º de Educación Infantil (5 años) | Además de lo indicado en el nivel anterior: ha aprendido a respetar las diferencias. | ... |

**Reflexión**  del ejemplo 8.6

*La propuesta de este ejemplo es una rúbrica básica que cada centro debería concretar. Por ejemplo, en 1.º de Educación Infantil podrían indicarse, además, a qué nivel debe conocer su propio cuerpo.*

> La gradación también podría ser diferente: en lugar de ser en amplitud (como lo indicado en el ejemplo), podría centrarse en la profundidad. Debe tomarse este ejemplo, como lo que es, un ejemplo.
>
> También se podrían proponer varios niveles de consecución por cursos, pero consideramos que esto complicaría en exceso el sistema. Volvemos a recordar lo que escribió Baltasar Gracián en su *Oráculo*: «Lo bueno, si breve, dos veces bueno».

Como ocurre con los objetivos, para determinar el grado de consecución de las competencias clave también podrían emplearse distintos modelos.

A continuación se señalan cuatro posibilidades:

1. La decisión colegiada del equipo educativo. Se trata del mismo modelo que el propuesto para los objetivos, pero en este caso los elementos a medir son las competencias clave. Como se ha indicado para el caso de los objetivos, la decisión respecto al grado de consecución debería tomarse en una sesión de evaluación de acuerdo a un instrumento de evaluación concreto y consensuado, por ejemplo, una rúbrica. Este instrumento debería estar incluido en la concreción curricular del centro y determinaría los grados de consecución de cada competencia clave para cada curso.

2. Diseño y desarrollo de una o varias situaciones de aprendizaje de centro educativo. El objetivo fundamental de esta situación de aprendizaje sería el desarrollo y comprobación del grado de consecución de las competencias clave y no de las competencias específicas de cada materia. Como en el caso anterior, se necesitaría un instrumento de evaluación concreto y consensuado. Esta posibilidad ya se introdujo en el capítulo IV, concretamente en la reflexión «Una cuestión de centro» del subapartado «Las competencias clave en la programación».

3. La legislación plantea la inclusión de «proyectos interdisciplinares». A su vez, existen comunidades autónomas que han planteado estos proyectos interdisciplinares como áreas independientes para cada curso o ciclo. Se podrían emplear estos proyectos para comprobar el grado de consecución de las competencias clave. Sería una posibilidad similar a la anterior, pero en lugar de crear una o varias situaciones de aprendizaje en un momento determinado del curso, estas situaciones de aprendizaje se abordarían de manera global a lo largo del curso a través de los proyectos interdisciplinares.

4. Un algoritmo que asigne un porcentaje de relevancia ponderada entre los criterios de evaluación de cada área o ámbito y los descriptores operativos de las competencias clave. Este algoritmo podría basarse en criterios más o menos cuantitativos. Por ejemplo:

   a. En base al número de descriptores operativos relacionados con cada criterio de evaluación y la proporción de horas de cada materia sobre el conjunto de materias de cada curso.

   b. De acuerdo con el grado de contribución que el profesorado haya decidido asignar a cada descriptor operativo en el momento de evaluar cada una de las situaciones de aprendizaje desarrolladas en cada materia.

## Reflexión

Decidir entre un modelo u otro no es nada sencillo. Cada centro educativo, de acuerdo a su idiosincrasia (modelo educativo, formación del profesorado, posibilidades informáticas…), considerará un modelo más adecuado y viable que otro.

Consideramos como ideales los modelos siguientes:

- Para evaluar el grado de consecución de objetivos: la decisión colegiada del equipo educativo en base a una rúbrica previamente consensuada. Se trata de un modelo mayormente cualitativo y subjetivo, pero con un resultado fruto del consenso y en base a un instrumento que contribuye positivamente a la fiabilidad y validez de la decisión final.

- Para evaluar el grado de consecución de las competencias clave: el diseño y desarrollo de una o varias situaciones de aprendizaje de centro educativo centradas en las competencias clave y no en las competencias específicas. Se trata del desarrollo de situaciones de aprendizaje que movilicen de manera holística varias áreas o ámbitos. Consideramos que se trata de una propuesta con una elevada carga de significatividad para el alumnado y de visión general para el profesorado. Otra opción también muy interesante, y tal vez con menores inconvenientes organizativos, sería la de utilizar los proyectos interdisciplinares para desarrollar proyectos cuya evaluación se centre única y exclusivamente en las competencias clave.

 **EJEMPLO 8.7.**

## Situación de aprendizaje de 3.º de Educación Primaria centrada en competencias clave y parte de su rúbrica de evaluación

En el barrio en el que se ubica el centro educativo el alumnado del centro ha observado la falta de contenedores de reciclaje, por lo tanto existe una dificultad patente para poder reciclar y así cuidar adecuadamente el entorno. Se decide desarrollar un proyecto que culmine en una propuesta concreta de ordenanza para el ayuntamiento. En cada grupo de 3.º se crearán subgrupos de cuatro personas que deberán concretar esta propuesta. A continuación se organizará una asamblea general final para definir el documento que finalmente se trasladará al ayuntamiento.

La evaluación de este proyecto de investigación atenderá únicamente las competencias clave. A saber:

| Competencia clave | Competencia lingüística | Competencia plurilingüe | ... |
|---|---|---|---|
| Debemos mejorar | Expresa hechos, conceptos, pensamientos, opiniones o sentimientos de forma oral, escrita, signada o multimodal (CCL1). | ... | ... |
| Todavía podemos hacerlo mejor | Además de lo indicado en el nivel anterior: lee, selecciona textos diversos que se ajustan a sus intereses (CCL4) y localiza, selecciona y contrasta información sencilla procedente de dos o más fuentes (CCL3). | ... | ... |
| Hemos realizado muy buen trabajo | Además de lo indicado en el nivel anterior: comprende, interpreta y valora textos orales, escritos, signados o multimodales de los ámbitos personal y social (CCL2). | ... | ... |
| ¡Somos unos cracks! | Además de lo indicado en el nivel anterior: pone sus prácticas comunicativas al servicio de la convivencia democrática, la gestión dialogada de los conflictos y la igualdad de derechos de todas las personas (CCL5). | ... | ... |

## Reflexión    del ejemplo 8.7

*La rúbrica asociada a este ejemplo solo desarrolla el grado de consecución de la competencia lingüística. Obviamente debería procederse del mismo modo con el resto de competencias.*

*En el caso de la competencia lingüística contamos con un total de cinco descriptores operativos. Consideramos que incluir los cinco descriptores como elementos independientes de evaluación la complicaría en exceso. Por este motivo hemos decidido combinarlos para graduar el nivel de consecución.*

*El anexo I del R.D. 157/2022 solo facilita la definición de los descriptores de las competencias clave al término de la Educación Primaria y de la enseñanza básica, es decir, al término del 4.º curso de la ESO. En este ejemplo se aborda una situación de aprendizaje destinada a 3.º de Educación Primaria; esto requiere adaptar estas definiciones. Si el proyecto a desarrollar fuera en 6.º de Educación Primaria o en 4.º de la ESO, podríamos utilizar directamente los descriptores indicados en el anexo I.*

*La adaptación a 3.º de Educación Primaria que hemos utilizado para los descriptores operativos asociados a la competencia lingüística es la siguiente:*

- *CCL1. Expresa hechos, conceptos, pensamientos, opiniones o sentimientos de forma oral, escrita, signada o multimodal.*
- *CCL2. Comprende, interpreta y valora textos orales, escritos, signados o multimodales de los ámbitos personal y social.*
- *CCL3. Localiza, selecciona y contrasta información sencilla procedente de dos o más fuentes.*
- *CCL4. Lee, selecciona textos diversos que se ajustan a sus intereses*
- *CCL5. Pone sus prácticas comunicativas al servicio de la convivencia democrática, la gestión dialogada de los conflictos y la igualdad de derechos de todas las personas.*

*Para tener una visión global, recomendamos que se compare la gradación de descriptores realizada en este ejemplo (3.º de Educación Primaria) con la redacción del anexo I del R.D. 157/2022.*

No es objeto de esta obra el desarrollo de los modelos de comprobación del grado de consecución de objetivos y competencias. En cualquier caso, debe tenerse en cuenta en la programación didáctica. Se trata de incluir un suba-partado en el que se especifique cómo se abordará el grado de consecución de los objetivos de la etapa y de las competencias clave.

Tal y como se ha indicado en este capítulo del libro, para asegurar un nivel aceptable de fiabilidad, debería ser una decisión del centro educativo y, en ningún caso, una decisión individual de cada profesor y profesora. Por tanto, este apartado ha de referenciar la concreción curricular del centro, pues *a priori* en todas las programaciones se debería indicar lo mismo.

Solo habría diferencias en el caso de escoger una propuesta en la que exis-tan distinciones, en cuanto al grado de consecución de objetivos y compe-tencias clave, entre las distintas áreas o ámbitos. En este caso esta propuesta debería detallarse en la programación didáctica.

### ▐ Reflexión

*El modelo de evaluación propuesto en este capítulo es un modelo «crite-rial», basado en los criterios de evaluación y en los descriptores operativos del currículo, o competencias clave si hablamos de Educación Infantil. Tal y como se ha indicado en apartados anteriores, al centrarse en los criterios de evaluación y en los descriptores o las competencias daremos respuesta al resto de elementos curriculares: objetivos, competencias clave, competencias específicas y saberes básicos.*

*Son estos criterios de evaluación y descriptores los que se proponen como referentes para:*

*1. Evaluar.*

*2. Calificar.*

*3. Y diseñar los instrumentos de evaluación.*

*En definitiva, es con estos criterios de evaluación y descriptores operativos con los que se satisfacen los requisitos presentes en la legislación.*

*Ahora bien, no podemos dejar de lado el primero de los fines que persigue el sistema educativo: «El pleno desarrollo de la personalidad y de las capa-cidades de los alumnos». Para atender a este, y también a otros principios y fines de la LOMLOE es necesaria una evaluación idiosincrática, es decir, una* evaluación en la que el referente no sea únicamente un elemento externo (los criterios de evaluación y los descriptores operativos), sino también el propio alumno o alumna. Para esto se puede utilizar una evaluación paralela a la «criterial», o bien integrar la evaluación idiosincrática en los indicadores de logro de los propios instrumentos de evaluación.

Teniendo en cuenta que el grado de consecución de los objetivos de la etapa y de adquisición de competencias clave es el referente para la promoción y la titulación en la ESO, parece obvio que en la programación didáctica se indique de manera clara cómo se cuantifica este grado de consecución. Hemos planteado diferentes modelos y hemos argumentado los que nos parecen más acertados. En cualquier caso, queremos resaltar la importancia de que, se utilice el modelo que sea, se trate de una decisión colegiada de centro y se plasme en la concreción curricular.

Por otro lado, siguiendo a John Hattie en su obra *Aprendizaje visible para profesores*[33], proponemos que todos los procesos e instrumentos de evaluación busquen evidenciar el *aprendizaje* del alumnado.

---

33   «Muchas sesiones de desarrollo profesional se centran en la mejor práctica, nuevos métodos de enseñanza, un cuestionario de evaluación llevado a cabo demasiado tarde para establecer una diferencia entre hoy y mañana, y parece que nos gustan estos temas seguros que no suponen ninguna amenaza a nuestra forma de actuar. ¿Dónde está el debate sobre cómo aprendemos? ¿Cómo hallar la evidencia de las múltiples maneras en las que los alumnos aprenden? ¿Cómo aprender de forma diferente? ¿Puedes nombrar tres teorías competidoras del aprendizaje? Tener estos debates académicos sobre aprendizaje y sobre nuestro impacto en él exige directivas escolares que apoyen que los profesores sean a su vez aprendices y evaluadores.» (pág. 211-212), Hattie, J. (2017) «Aprendizaje visible para profesores» Madrid: Ediciones Paraninfo, S.A.

# Capítulo IX.

# Evaluación de la enseñanza y de la práctica docente

> **«Mi papel, como profesor,**
> **es evaluar el efecto que tengo en mi alumnado»**
>
> John Hattie (1950-)

La definición del concepto de buen docente puede resultar aparentemente sencilla, sin embargo la «buena enseñanza» es una cuestión compleja y no resulta nada fácil definirla (OCDE, 2013). No obstante, de acuerdo con el Informe McKinsey sobre la calidad de la educación (Barber y Mourshed, 2007), «La calidad de un sistema educativo tiene como techo la calidad de sus docentes y mejorar la instrucción es la única manera de obtener mejores resultados».

Por este motivo, aunque resulte muy complejo cuantificar con precisión la labor docente, no cabe duda de que la mejora de esta puede tener un efecto muy positivo en el aprendizaje. Según Hattie (2005, 2013), y tal y como sugiere la estimación mostrada en el gráfico 9.1, el profesorado es un factor crítico por su potencial para influir en el éxito del alumnado y esta es la causa principal que justifica la necesidad de una evaluación de la práctica docente.

**Gráfico 9.1. Factores que influyen sobre el éxito del alumnado.**

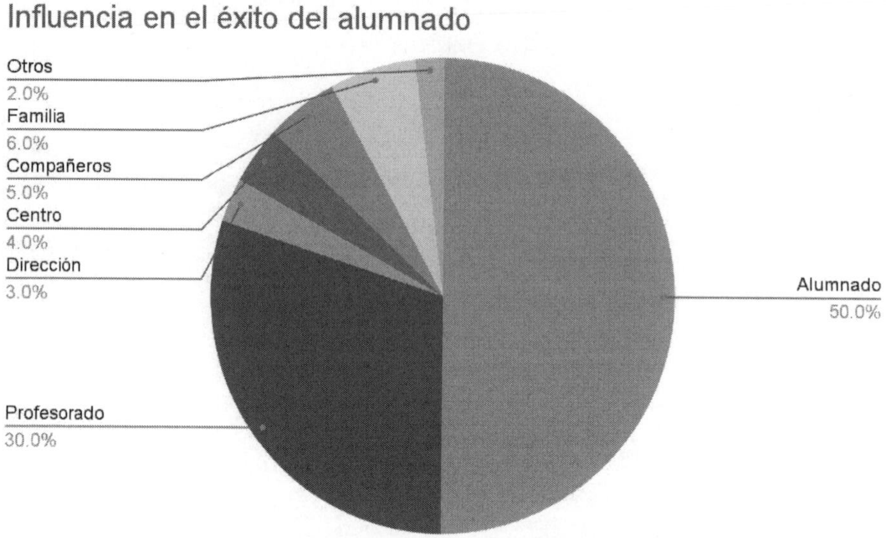

Influencia en el éxito del alumnado

En definitiva, la evaluación de la práctica profesional del profesorado es un componente más de la programación didáctica, y como tal está presente en la legislación. Son muchos los desarrollos curriculares autonómicos que incluyen la evaluación de la práctica docente y los indicadores de éxito como uno de los elementos de las programaciones.

Independientemente del requisito que establece la legislación de incluir este apartado, es también una obligación moral, ya que para mejorar es preciso evaluar. Es decir, para avanzar hacia la excelencia es necesario medir. Además, si se centra la evaluación únicamente en el aprendizaje, el proceso quedaría incompleto: se ha de evaluar el sistema, la práctica del profesorado, la propia evaluación, etc. Todo ello con el objetivo de lograr una mejora continua y seguir un camino que nos aproxime curso a curso hacia una mejor práctica profesional.

En ningún caso se trata de «burocratizar» la tarea del profesorado ni de diseñar sistemas de evaluación exhaustivos que consuman mucho tiempo, sino de ser más conscientes de lo que se hace, reflexionar sobre su eficiencia y gestionar de la mejor forma posible los recursos que se destinan a una u otra acción.

En este apartado de la programación, se propone incluir los siguientes subapartados:

1. Los planes de mejora del centro.
2. La práctica docente.
3. La propia programación didáctica.

## 9.1. Evaluación de los planes de mejora de los centros educativos

En muchos casos, los centros educativos dedican grandes esfuerzos y recursos a acciones que producen un impacto limitado sobre el alumnado, incluso tienen un efecto negativo o contraproducente sobre el clima de trabajo de la comunidad educativa. Sin embargo, dedicar un mínimo de tiempo a reflexionar sobre cómo la evaluación de las iniciativas y programas desarrollados por los centros educativos puede tener un impacto positivo sobre el alumnado y facilitar la tarea del profesorado.

Para conseguir una eficiente gestión de los recursos y un mayor impacto en los resultados, es recomendable que esta evaluación se haga a nivel de centro y no de forma individual.

Una posible secuencia del proceso de evaluación de la práctica docente podría contar con los siguientes pasos:

1. Partir del conocimiento de la situación actual. Una vez se haya recabado la información necesaria, la situación se puede sintetizar en un análisis DAFO (un diagrama que representa las debilidades, amenazas, fortalezas y oportunidades)[34]. A partir de estos datos se puede diseñar un programa o plan que mejore la situación actual. En este plan resulta crítico identificar con precisión el «qué», es decir, lo que se ha de evaluar, ya que no es necesario evaluarlo todo todos los años. De hecho, en ocasiones es interesante poner el foco en alguna cuestión distinta y cerrar un ciclo después de un periodo prudencial en el que se evalúe todo lo necesario.

2. Identificar los objetivos que se quieren alcanzar, que han de ser medibles, temporales y realistas. También es necesario conocer las características legislativas y pedagógicas del programa o plan que se quiere llevar adelante.

3. Diseñar el plan de evaluación. Esto incluye el modelo que se utilizará, los criterios que se emplearán, las técnicas, los instrumentos, los indicadores, los agentes, el momento de la evaluación, etc.

4. Evaluar el diseño (contexto, viabilidad, adecuación, plan de acción, etc.) y redefinirlo si procede.

5. Poner en práctica el programa o plan de mejora.

---

34  Capó Vicedo, J. (2015). 10 pasos para desarrollar un plan estratégico y un business model canvas, *3C Empresa* (24), vol. 4, n.º 4.

6. Evaluar el desarrollo (grado de consecución de objetivos o tendencia, conflictos, situaciones problemáticas, etc. y redefinirlo si procede) y los resultados (grado de consecución de objetivos, impacto directo e indirecto, costes materiales e inmateriales, etc.).

7. Analizar el desarrollo y los resultados, para realizar propuestas de mejora (aprendizajes), difusión e institucionalización.

 EJEMPLO 9.1.

## Análisis DAFO de la práctica docente en un curso de Educación Primaria

| DEBILIDADES | AMENAZAS |
|---|---|
| La nota media presenta una gran dispersión, lo que sugiere que el desempeño académico es muy desigual entre el alumnado.<br>El profesorado percibe las programaciones didácticas como un documento «burocrático» que está muy apartado de la realidad. | La gran diversidad que presenta el grupo puede resultar una amenaza si no se trabaja esta cuestión y no se adapta la metodología a esta realidad. |
| FORTALEZAS | OPORTUNIDADES |
| La nota media es similar a la de los demás cursos del nivel.<br>El índice de aprobados es satisfactorio.<br>El profesorado traslada una percepción positiva del grupo. | La gran diversidad que presenta el grupo brinda la oportunidad de trabajar la inclusión a través de dinámicas de grupo y una metodología que tenga en cuenta los diversos ritmos de aprendizaje. |

Existen sistemas de evaluación que ponen el énfasis en los datos cuantitativos (Barber y Mourshed, 2007) y sin duda estos son imprescindibles para poder establecer una comparación fiable que sirva de base para los planes de mejora. También es importante considerar otros factores tales como los procesos y los contextos en los que se produce el aprendizaje (Alexander, 2012). Por tanto, conviene que la evaluación se lleve a cabo combinando elementos cuantitativos y cualitativos.

## Reflexión

*Incluir referencias de la evaluación de los planes de mejora del centro educativo en la programación didáctica persigue establecer nexos de unión entre aquello que se pretende mejorar a nivel de centro educativo en su conjunto y lo que se hace en cada una de las áreas o ámbitos. Se trata de hacer operativos los objetivos, los valores y las prioridades de actuación del centro educativo.*

*Aunque pueden emplearse otros documentos de planificación educativa (plan de acción tutorial, plan de atención a la diversidad, etc.), consideramos que la mejor forma de aterrizar los planes de mejora es a través de las programaciones didácticas y de las programaciones de aula.*

*En el ejemplo 9.1 puede leerse un sencillo DAFO, ¿qué efecto podría tener este DAFO en un área o ámbito? Pues, a partir del DAFO, se propondrán estrategias que deben materializarse en acciones concretas. Estas acciones pueden llevarse a la práctica en cada una de las áreas o ámbitos, y por tanto, deben programarse y tenerse en cuenta en el proceso de enseñanza y aprendizaje.*

*Como ya hemos apuntado en diversas ocasiones: no podemos actuar como islas, formamos parte de un conjunto y la mejor forma de conseguir resultados y ser realmente efectivos es trabajar de manera cooperativa y con propósito.*

*Obviamente, si los Planes de Mejora del centro educativo son de ámbito transversal, es posible que este apartado no tenga sentido en la programación didáctica. Será un aspecto que deberá analizarse anualmente de acuerdo con el Plan de Mejora de cada centro.*

## 9.2. Evaluación de la práctica docente

Un buen referente para evaluar la práctica docente es el artículo 91 de la LOMLOE, en el que se enumeran las funciones del profesorado:

- Las programación y la enseñanza.
- La evaluación del proceso de aprendizaje.
- La tutoría.
- La orientación.
- La atención al desarrollo del alumnado.

- La promoción, organización y participación en las actividades complementarias.
- La contribución a las actividades del centro.
- La información a las familias.
- La coordinación de las actividades docentes.
- La participación en la actividad general del centro.
- La participación en los planes de evaluación.
- La investigación, experimentación y la mejora continua.

Para realizar la evaluación docente pueden utilizarse diferentes técnicas e instrumentos, como por ejemplo:

- Encuestas de satisfacción: del alumnado, de las familias...
- Resultados de las evaluaciones: porcentaje de aprobados, nota media...
- Registros de incidencias.
- Comparativas entre la temporalización planificada y la ejecución real de las situaciones de aprendizaje.

No existe la plantilla de evaluación perfecta y tampoco se trata de diseñar una técnica ni instrumento inamovible. La evaluación de la práctica docente debe alinearse con la evaluación de los planes de mejora de los centros educativos. Por tanto, cada cierto tiempo, pueden y deben cambiar los enfoques y las prioridades de evaluación. Todo dependerá de las necesidades de la comunidad educativa.

 **EJEMPLO 9.2.**

## Evaluación de la práctica docente en correlación con la evaluación de un plan de mejora

Supongamos que después de analizar la situación de un centro educativo se detecta la necesidad de mejorar el éxito escolar en el cuarto curso de la Educación Primaria.

Atendiendo a las fortalezas (por ejemplo, la formación del profesorado y el buen ambiente cooperativo existente entre el equipo educativo de este nivel) y a las oportunidades (por ejemplo, la dotación de recursos humanos para poner en práctica un plan de mejora), se decide aplicar, como acción de mejora, el refuerzo extra de un profesor o profesora en el aula para aquellas áreas que presentan mayores dificultades de aprendizaje.

La evaluación de este plan de mejora lleva consigo la evaluación de la práctica docente.

Se podrían emplear, por ejemplo, tres simples indicadores:

1. El índice de aprobados.
2. La nota media.
3. La satisfacción del profesorado.

Los dos primeros indicadores son cuantitativos y deberían compararse con el índice de aprobados y con la nota media de esa misma materia, pero en el curso anterior, es decir, en el curso en que no se aplicó esa medida de mejora. Estos dos indicadores pueden emplearse de manera conjunta para evaluar el plan de mejora y la práctica docente.

El tercer indicador se centra más en el clima y en el impacto que ha tenido el plan de mejora. En cualquier caso, este tercer indicador tiene un carácter más cualitativo y subjetivo, pero es importante correlacionar ambos tipos de indicadores (cuantitativos y cualitativos).

La tecnología y los programas de gestión con los que cuentan los centros educativos facilitan enormemente la obtención y comparación del índice de aprobados y de la nota media.

Para el caso de la satisfacción del profesorado, bastaría con incluir una o dos preguntas relacionadas con esta acción de mejora dentro de la encuesta de satisfacción que el equipo directivo debería pasar a su claustro al menos, dos veces a lo largo del curso.

Con el objetivo de establecer un sistema de mejora continua y su posterior análisis y evaluación, es recomendable fijar objetivos de calidad concretos. Como por ejemplo: la satisfacción del alumnado, el porcentaje de aprobados, la nota media, etc.

Para poder determinar si se ha producido mejora real y además poder cuantificar esta mejora, los objetivos deben poderse medir.

Por otro lado, es necesario determinar qué acciones de mejora se llevarán a cabo para conseguir estos objetivos.

 **EJEMPLO 9.3.**

## Evaluación de la práctica docente en base a objetivos de mejora

Se pretenden lograr los siguientes objetivos de mejora:

1. Conseguir una satisfacción del alumnado respecto del proceso de enseñanza y aprendizaje superior a 3,5 puntos de una escala del 1 al 4.

2. Obtener un índice de alumnado aprobado superior al 90%.

Las acciones que se llevarán a cabo para conseguir estos objetivos son las siguientes:

- Para el objetivo de satisfacción:
  - Facilitar al alumnado una comunicación fluida, directa y empática, tanto síncrona (durante las clases), como asíncrona (a través de las herramientas que facilita la Administración educativa).
  - Fomentar la participación, así como un ambiente agradable y de cordialidad.
  - Cumplir escrupulosamente con las orientaciones metodológicas y las medidas de atención a la diversidad definidas en esta programación didáctica.
  - Realizar adaptaciones particulares de las prácticas para aquel alumnado que lo necesite, incluso proponer clases extraescolares si fuera necesario.

- Para el objetivo del índice de aprobados:
  - Fomentar la utilización de las tutorías individuales para aquel alumnado que lo requiera.
  - Realizar actividades de refuerzo personalizadas para eliminar cualquier tipo de barrera para el aprendizaje.

La tabla de indicadores y resultados es la siguiente:

| Indicador | Nivel aceptable | Resultado | Acción de mejora |
|---|---|---|---|
| Satisfacción del alumnado al finalizar el primer trimestre | Al menos 3 de 4 puntos | | |
| Satisfacción del alumnado al finalizar el curso | Al menos 3,5 de 4 puntos | | |
| Índice de aprobados | Al menos el 90% del alumnado | | |

 **EJEMPLO 9.4.**

## Encuesta de satisfacción del alumnado

La redacción de la encuesta podría ser:

Intenta evitar las críticas personales, ser sincero y reflexivo. Procura aportar una visión de conjunto, recuerda aquello que has aprendido, las limitaciones de tiempo y material, cómo ha actuado el profesor y su forma de enseñar.

Valora en qué medida estás de acuerdo con cada punto en una escala de 1 a 4.

| | 1 (peor) | 2 | 3 | 4 (mejor) |
|---|---|---|---|---|
| Estás satisfecho con la puntualidad, seriedad y mantenimiento del orden por parte del profesor. | | | | |
| El profesor ha suscitado interés y motivación respecto al área. | | | | |
| El profesor le ha dado un enfoque práctico al área. | | | | |
| El profesor prepara correctamente las clases. | | | | |
| Los medios y materiales utilizados son correctos. | | | | |
| Estás satisfecho con la calidad y los contenidos de la documentación facilitada por el profesor. | | | | |
| Estás satisfecho con la metodología utilizada por el profesor. | | | | |
| El profesor es claro en sus explicaciones. | | | | |
| El profesor es organizado y sigue un buen ritmo de trabajo. | | | | |
| El sistema de evaluación es adecuado. | | | | |
| El profesor es justo a la hora de calificar. | | | | |
| El profesor es accesible y cercano al alumnado. | | | | |
| El profesor domina la materia impartida. | | | | |
| Opinión general del área (al inicio del curso) | | | | |
| Opinión general del área (al final del curso) | | | | |
| Opinión general del profesor (al inicio del curso) | | | | |
| Opinión general del profesor (al final del curso) | | | | |

Observaciones y propuestas de mejora: …

## 9.3. Evaluación de la programación didáctica

La rúbrica puede ser un instrumento muy interesante para evaluar la programación didáctica como herramienta de planificación docente.

En función del objetivo que se pretenda conseguir, es posible diseñar varias rúbricas de evaluación. Por ejemplo, si se busca la evaluación de las programaciones didácticas desde la jefatura de estudios o desde el departamento de calidad, se deberían emplear ítems de evaluación como:

- Apartados de la programación didáctica.
- Coherencia entre PEC y programación didáctica (desarrollo de valores, objetivos y prioridades de actuación).
- Aplicación práctica de la concreción curricular en la programación didáctica (metodología, evaluación, temas transversales...).

En el caso de buscar una rúbrica para autoevaluarse, es decir, una rúbrica cuyo objetivo sea la mejora de la programación didáctica desde el punto de vista del propio profesorado, los ítems de evaluación serían otros distintos. Por ejemplo: la contextualización, la facilidad para la coordinación docente, el grado de consecución de los objetivos y las competencias clave, competencias específicas y saberes básicos, el fomento de la lectura, etc.

## EJEMPLO 9.5.

### Rúbrica de autoevaluación de la planificación

Esta rúbrica evalúa la planificación desde el punto de vista del profesorado.

| | Procede tomar medidas de mejora con urgencia | Muy mejorable | Mejorable | Perfecto |
|---|---|---|---|---|
| Se ha contextualizado teniendo en cuenta la idiosincrasia del centro educativo | No había medidas de contextualización o bien se han materializado menos del 50% de estas medidas. | Se han materializado al menos el 50% de las acciones de contextualización. | Se han desarrollado todas las acciones de contextualización, pero la satisfacción (del alumnado y del profesorado), así como la incidencia, es mejorable. | Se han desarrollado todas las acciones de contextualización y la satisfacción (del alumnado y del profesorado), así como la incidencia han sido muy positivas. |
| Se ha facilitado la coordinación docente | No había proyecto de coordinación docente o no se ha producido ninguna coordinación entre el equipo educativo. | A pesar de iniciarse, no se ha llegado a materializar ninguna coordinación docente. | Se ha facilitado la coordinación docente pero la satisfacción (del alumnado y del profesorado), así como la incidencia son mejorables. | Se ha facilitado la coordinación docente y la satisfacción (del alumnado y del profesorado), así como la incidencia han sido muy positivas. |
| Se han conseguido los objetivos generales | Se han alcanzado menos del 25% de los objetivos. | Se han alcanzado entre el 25% y el 50% de los objetivos. | Se han alcanzado entre el 50% y el 90% de los objetivos. | Se han alcanzado más del 90% de los objetivos. |
| Se han conseguido las competencias específicas, al menos por parte de un 90% del alumnado | Se han alcanzado menos del 25% de los objetivos. | Se han alcanzado entre el 25% y el 50% de los objetivos. | Se han alcanzado entre el 50% y el 90% de los objetivos. | Se han alcanzado más del 90% de las competencias específicas. |
| ... | | | | ... |

### Reflexión

Por tanto, la evaluación es necesaria para la mejora y debe enfocarse desde una perspectiva colectiva, es decir, a nivel de centro educativo.

Podemos diferenciar distintos enfoques o dimensiones de evaluación, pero en este libro distinguimos tres:

1. Los planes de mejora del centro.

2. La práctica docente.

3. La propia programación didáctica.

Las tres dimensiones deben ser coherentes entre sí y de una forma más o menos directa deberían quedar presentes en este apartado de la programación didáctica.

Como ya hemos indicado en apartados anteriores, debemos evitar repetir lo mismo en todas las programaciones didácticas. Es decir, si la evaluación de la enseñanza y de la práctica docente se aborda de manera global por parte del centro educativo, debería aparecer en la concreción curricular de centro y en este apartado de la programación didáctica hacer únicamente referencia a esta circunstancia e indexar el apartado concreto de la concreción curricular de centro en el que se desarrolla y se explica esta evaluación.

Pensamos que esta propuesta es la más acertada y la que mayor impacto provocaría sobre la mejora del proceso de enseñanza y aprendizaje.

# Capítulo X.

# Actividades complementarias

> **«Ninguno hay que no pueda ser maestro de otro en algo»**
> Baltasar Gracián (1601-1658)

Es usual confundir e incluso asemejar las actividades complementarias y las actividades extraescolares, pero son conceptos muy diferentes. A saber:

- Son actividades complementarias aquellas que están diseñadas para completar el currículo académico establecido por el propio centro educativo. Por tanto, están relacionadas con las áreas o ámbitos tratados en el centro, y se realizan dentro del propio horario escolar. Deberían tener impacto sobre la evaluación del alumnado.

- Son actividades extraescolares las que se realizan dentro o fuera de la jornada escolar, pero siempre fuera del horario lectivo. Son actividades no esenciales, ya que no forman parte del currículo académico y no tienen por qué relacionarse directamente con alguna área o ámbito curricular. No deberían tener impacto sobre la evaluación del alumnado.

Las programaciones didácticas deberían incluir necesariamente las actividades complementarias, debido a que son las que permiten el desarrollo del currículo. Por el contrario, las actividades extraescolares no deberían contemplarse, porque no son actividades esenciales y no deben evaluarse. Estas últimas sí deben tenerse en cuenta en otros documentos de planificación educativa de centro, como por ejemplo la Programación General Anual (PGA).

Los objetivos de las actividades extraescolares deberían complementar los objetivos generales de la etapa, las competencias clave y los temas transversales, pero no pueden ser objeto de evaluación del alumnado. Pueden emplearse para evaluar planes de mejora, el clima del centro u otros aspectos de ámbito general y transversal, pero no deberían asociarse directamente con el currículum.

## EJEMPLO 10.1.

## Legislación autonómica

En el caso de la Comunidad Valenciana, el Decreto 253/2019, de 29 de noviembre, del Consell, de regulación de la organización y el funcionamiento de los centros públicos que imparten enseñanzas de Educación Infantil o de Educación Primaria, establece:

**«Artículo 57. Actividades complementarias**

1. Se consideran actividades complementarias las establecidas dentro del horario lectivo de permanencia obligada del alumnado en el centro y relacionadas directamente con el desarrollo del currículo como complemento de la actividad escolar, en las cuales pueda participar el conjunto de alumnado del grupo, curso, ciclo, nivel o etapa. Estas actividades serán, con carácter general, gratuitas y, en todo caso, no tendrán carácter lucrativo, y se garantizará que ninguna alumna o alumno quede excluido de su participación por motivos económicos o de cualquier otro tipo.

2. Se considerarán también actividades complementarias aquellas en que el inicio o finalización se produzca dentro de la jornada escolar, aunque la totalidad de la actividad no se desarrolle dentro de esta jornada.

3. Las actividades complementarias incluidas en la jornada escolar serán establecidas por el centro e incluidas en su programación general anual.

**Artículo 58. Actividades extraescolares**

1. Se consideran actividades extraescolares tanto las que se realizan dentro de la jornada escolar pero fuera del periodo lectivo como las que se desarrollan totalmente fuera de la jornada escolar. Estas actividades no tendrán carácter lucrativo, serán voluntarias para las familias y no podrán contener enseñanzas incluidas en las programaciones didácticas de cada curso escolar ni ser susceptibles de evaluación a efectos académicos del alumnado. Las que se desarrollen dentro de la jornada escolar pero fuera del horario lectivo serán de oferta obligada para el centro cuando así se determine por la conselleria competente en materia

de educación, que establecerá las medidas necesarias para garantizar que ninguna alumna o alumno quede excluido por motivos económicos.

2. Los centros podrán fomentar la realización de actividades extraescolares fuera de la jornada escolar que contribuyan a la conciliación de la vida laboral y familiar de los miembros de la comunidad educativa.

3. Las actividades extraescolares incluidas en la jornada escolar serán establecidas por el centro e incluidas en su programación general anual».

Es interesante incluir alguna actividad complementaria a lo largo del curso, si bien sería recomendable contar con una cada trimestre, si las circunstancias académicas lo permiten. Este tipo de actividades rompen con la dinámica habitual de clase y dotan de mayor significado a las tareas que se desarrollan en el aula. En definitiva, pueden entenderse como una extensión de la propuesta educativa de la programación didáctica cuyo objetivo es contribuir al desarrollo integral de la personalidad del alumnado.

Las actividades complementarias pueden desempeñar un papel importante en la motivación del alumnado, ya que permiten dotar al aprendizaje de un carácter lúdico. Además, contribuyen al desarrollo del ingenio, al pensamiento crítico y a la resolución de problemas próximos a la vida cotidiana de una forma y en un contexto menos formal.

Las actividades complementarias se han de planificar de forma que exista una justificación técnica y pedagógica. No son nunca un fin en sí mismas, sino un medio más al alcance del profesorado para contribuir al proceso de enseñanza y aprendizaje. Como se ha adelantado anteriormente, estas actividades han de evaluarse, pero no siempre será necesario reflejarlas en el boletín de calificaciones del alumnado.

La planificación, sea de actividades complementarias o extraescolares, podría incluir los siguientes apartados:

- Nombre.
- Descripción.
- Departamentos didácticos, ciclos, áreas o ámbitos y profesorado implicado.
- Cursos y grupos implicados.
- Fecha aproximada.
- Justificación pedagógica.
- Objetivos.

El desarrollo de las actividades complementarias y extraescolares requerirá concretar la fecha y el horario exacto, así como la información logística necesaria para llevarlas a término. No obstante, esta información no ha de incluirse en la programación didáctica sino en la programación de aula.

 **EJEMPLO 10.2.**

## Tabla de planificación de una actividad complementaria

| Nombre | «Fantasmín en la ópera» |
|---|---|
| Descripción | A través de este espectáculo proponemos una adaptación al público infantil de la ópera «El Fantasma de la ópera» donde haremos un recorrido por los momentos más emblemáticos de esta fantástica ópera perteneciente al repertorio clásico y daremos a conocer como es el funcionamiento de una ópera entre bambalinas. |
| Áreas o ámbitos implicados | Comunicación y Representación de la Realidad |
| Cursos y grupos implicados | Todos los grupos de 2.º ciclo de Infantil. |
| Fecha aproximada | Primera quincena de noviembre. |
| Justificación pedagógica | Esta actividad permite explorar la relación entre la música y la literatura como modelos de representación que se conjugan de manera artística. Por otro lado nos muestra el funcionamiento de un espectáculo operístico desde dentro, su organización y elementos esenciales para su correcto desarrollo. |
| Objetivos | Conocer qué es una ópera.<br>Conocer el funcionamiento de un espectáculo operístico.<br>Disfrutar del repertorio clásico operístico.<br>Conocer la base argumental del «Fantasma de la ópera». |

### Reflexión

*Usualmente las actividades extraescolares están relacionadas con la cohesión del grupo y se centran, fundamentalmente, en crear un clima propicio para el proceso de enseñanza y aprendizaje. Son actividades muy importantes, pero no están relacionadas directamente con el currículo.*

*En cambio, las actividades complementarias, como su propio nombre indica, complementan el currículo y persiguen aportar una visión lúdica y aplicada de los aprendizajes curriculares. Han de planificarse y también incluirse en las programaciones didácticas.*

# Epílogo.

# Reflexión final

A modo de resumen, a continuación realizamos una síntesis de cada uno de los capítulos.

### Preámbulo. La programación didáctica

Hemos presentado la programación didáctica como una necesidad para conseguir la excelencia en el proceso de enseñanza y aprendizaje. Asimismo, hemos propuesto un modelo flexible de programación didáctica adaptado en todo momento a las necesidades del alumnado. En el preámbulo hemos introducido los apartados que a nuestro parecer una programación didáctica ha de contener. Estos se han desarrollado de forma individual en cada uno de los capítulos posteriores.

### Capítulo I. Introducción

Hemos expuesto cómo partir de una breve descripción del área o ámbito para justificar la necesidad de la programación didáctica y para fundamentarla correctamente a través de las disposiciones legislativas pertinentes.

### Capítulo II. Contextualización

Hemos propuesto que la programación didáctica se contextualice para cada centro educativo, cada nivel y curso. Hemos incluido las claves y las herramientas necesarias para realizar un análisis externo (contexto del centro educativo) e interno (idiosincrasia del alumnado).

### Capítulo III. Objetivos

Hemos tenido en cuenta desde los objetivos generales (LOMLOE), pasando por los objetivos del propio centro educativo (PEC), hasta los propios del ciclo y del profesorado. Hemos detallado cómo se han de contextualizar y cómo se han de presentar de forma coherente.

### Capítulo IV. Perfil de salida y competencias clave

El perfil de salida supone un cambio de paradigma que necesariamente debe concretarse y contextualizarse para cada una de las áreas y ámbitos, a través de las competencias clave y sus descriptores. No obstante, la falta de estrategias para lograr la correcta materialización de este principio supone todavía una dificultad y en ocasiones un obstáculo para la elaboración de una programación didáctica. Hemos abordado la identificación de las competencias clave que han de desarrollarse en cada área o ámbito y las implicaciones que esto tiene en la programación didáctica.

### Capítulo V. Competencias específicas y situaciones de aprendizaje

Las situaciones de aprendizaje han de ser las entidades operativas de la programación didáctica y por ello se define una estructura eficaz y coherente que se deduce directamente de las competencias específicas y los criterios de evaluación del currículo. A esta estructura la hemos llamado «Mapa de situaciones de aprendizaje». Hemos incluido objetivos operativos en línea con los objetivos generales, competencias clave, objetivos de desarrollo sostenible, saberes básicos y estrategias didácticas.

Hemos propuesto concretar cada una de las situaciones de aprendizaje con una tabla específica que incluya: competencias específicas, criterios de evaluación, objetivos operativos, saberes, estrategias metodológicas y didácticas y evaluación.

Además, hemos propuesto cómo abordar la distribución temporal y cómo identificar y asignar los recursos necesarios para desarrollar cada una de las situaciones de aprendizaje. Por último, hemos hecho un guiño a la programación de aula, una herramienta que concreta a nivel operativo la programación didáctica.

### Capítulo VI - Orientaciones metodológicas

Hemos ofrecido una respuesta al «cómo» se desarrollan cada una de las situaciones de aprendizaje. Para ello, hemos partido de los principios pedagógicos asociados a cada una de las enseñanzas y hemos seguido la propuesta curricular de cada centro para detallar un plan metodológico que incorpora de forma significativa y representativa fundamentos como el Diseño Universal de Aprendizaje, la programación multinivel, el trabajo por ámbitos de conocimiento y la transversalidad de las enseñanzas y aprendizajes. De esta manera, estos principios pueden aplicarse en un plan de trabajo ambicioso pero factible y realista.

### Capítulo VII. Inclusión educativa del alumnado con NEAE

Hemos planteado las orientaciones metodológicas para el alumnado en su conjunto, pero debemos atender también aquellas situaciones excepcionales. Ese principio rector se ha concretado en la necesidad de reflexionar sobre las medidas de respuesta que requieren una atención diferenciada (especializada o no especializada) y en las medidas concretas de acceso, aprendizaje y participación que la programación ha de contener para responder adecuadamente a las exigencias de la norma, pero especialmente a las necesidades de todo el alumnado.

### Capítulo VIII. Evaluación del y para el aprendizaje

La evaluación forma parte del propio proceso de enseñanza y aprendizaje. Hemos propuesto un modelo de evaluación «criterial» (basada en los criterios de evaluación y en los descriptores operativos de las competencias clave) pero también una evaluación inclusiva e idiosincrática (basada en las necesidades de cada estudiante). Además, hemos detallado cómo lograr una calificación coherente con estos principios de evaluación, ya que si se toman como referentes de evaluación estos criterios, la calificación del alumnado también debe realizarse de acuerdo con ellos. De esta forma hemos ofrecido una solución rigurosa, detallada y práctica para que el profesorado pueda transitar de una evaluación anclada a un modelo estático de contenidos, procedimientos y actitudes a una evaluación dinámica, inclusiva y basada en criterios de evaluación.

Por último, hemos propuesto diferentes modelos para evaluar el grado de consecución de los objetivos y las competencias clave, pues estos dos elementos son los referentes para la promoción y titulación.

### Capítulo IX. Evaluación de la enseñanza y de la práctica docente

No solo es una prescripción legislativa, sino también una obligación moral. Lo que no se mide no se puede mejorar. En este capítulo hemos propuesto un método para la mejora continua: indicadores, niveles de aceptabilidad, resultados y acciones de mejora.

### Capítulo X. Actividades complementarias

Son actividades que rompen con la rutina diaria del aula pero que requieren ser planificadas e integradas de forma coherente en la programación didáctica. En este capítulo hemos ofrecido una propuesta de tipología de actividades y la forma de plasmarlas en la programación didáctica.

Hemos incluido más de treinta ejemplos de distintas áreas, ámbitos y niveles, así como numerosas reflexiones en primera persona que facilitan al lector la comprensión de cada uno de los capítulos y apartados del libro. Hemos elaborado anexos que complementan y concretan cuando se ha considerado oportuno.

La estructura que hemos propuesto incluye los apartados que a nuestro parecer son estrictamente necesarios. Ahora bien, cada comunidad autónoma puede legislar la inclusión de otros apartados adicionales con el fin de atender las particularidades o prioridades de su política educativa. Del mismo modo, un centro educativo concreto, podría también incluir apartados específicos. Sin ir más lejos, a partir del curso 2020-2021 es usual incluir un apartado en la programación didáctica centrado en la atención al alumnado en caso de tener que seguir el proceso de enseñanza y aprendizaje de manera telemática. Pensamos que este apartado es temporal y que incluso si no lo fuera, debe definirse a nivel de centro, es decir, en la concreción curricular.

Queremos cerrar el libro transmitiéndote nuestros mejores deseos. Recuerda que lo importante no es el producto final sino el proceso de diseño y rediseño: cualquier programación didáctica debe ser un documento vivo y dinámico (*a work in progress*).

En https://www.re-programa.com/ podrás encontrar más reflexiones, ejemplos, plantillas e incluso contactar con nosotros.

Vicente Sierra Marti, Elio Pérez Calle, y Raül Solbes Monzó

# Anexo A.

# Proyecto educativo de centro y concreción curricular

El PEC es el principal instrumento de planificación educativa y el referente de la autonomía de los centros educativos. Es un documento necesario en la mayoría de trámites que debe hacer cualquier centro docente: fuente para la Programación General Anual (PGA), documento que debe presentar el centro cuando quiere participar en un proyecto de innovación, guía que permite a las familias escoger entre uno u otro centro, marco de referencia para los Planes de Mejora de los centros educativos...

Algunas Administraciones educativas de las comunidades autónomas concretan el contenido mínimo. En cualquier caso, el PEC, incluirá, al menos[35]:

1. Valores, fines y prioridades de actuación.
2. Concreción de los currículos establecidos por la Administración educativa.
3. Tratamiento transversal de la educación en valores.
4. Estrategia digital del centro.
5. Forma de atención a la diversidad del alumnado, medidas relativas a la acción tutorial, los planes de convivencia y de lectura.
6. Plan de mejora.

---

35  LOMLOE, art. 121.

Por otro lado, la «concreción curricular», también conocida en algunas administraciones educativas como proyecto curricular de etapa o propuesta pedagógica, es el documento de planificación educativa de centro que, como su propio nombre indica, concreta el currículo por parte del centro educativo. Por tanto, de la concreción curricular debería concretar los elementos del currículo, a saber: conjunto de objetivos, competencias, contenidos, métodos pedagógicos y criterios de evaluación[36].

Es por tanto, un documento de intervención educativa que establece directrices para la implementación del proceso de enseñanza y aprendizaje en las aulas. Se trata de un documento eminentemente pedagógico que debe establecer estrategias educativas coherentes para el conjunto de las etapas que se imparten en un centro docente.

Debe ser un texto operativo de intervención educativa que incluya los siguientes dos pilares básicos:

1. Los aspectos y elementos comunes para la concreción de los currículos, es decir, concreción, ampliación y adecuación de objetivos y competencias.

2. Las directrices y estrategias para la implementación coherente y coordinada del proceso de enseñanza y aprendizaje para el conjunto de las etapas educativas que se imparten en un centro docente, es decir, las orientaciones metodológicas y de evaluación comunes para todo el claustro de profesorado.

Una posible estructura de concreción curricular podría ser la siguiente:

1. **Objetivos**. Distribución y concreción de los objetivos generales del currículo e inclusión y concreción de los objetivos específicos de centro para cada área o ámbito, y cada curso.

2. **Perfil de salida y competencias clave**. Para que estas competencias lleguen al aula, es necesario que el centro educativo plantee estrategias que partan de los descriptores de las competencias y se apliquen de manera holística. Por ejemplo, a través de proyectos interdisciplinares e incluso internivelares cuyo referente no sea las competencias específicas, criterios de evaluación y saberes básicos de cada área, sino las competencias clave y los descriptores. Esto supone «romper» por completo con la estructura organizativa y los horarios compartimentados por áreas y ámbitos.

---

36 LOMLOE, art. 6.

3. **Orientaciones metodológicas**. Pautas metodológicas que deben guiar el proceso de enseñanza y aprendizaje, de forma que exista coherencia entre áreas y que se propicie el trabajo en horizontal y en vertical: orientaciones metodológicas, organización espacio-temporal, recursos...

4. **Evaluación del y para el aprendizaje**. Criterios básicos para mantener la coherencia en cuanto a la evaluación y la calificación de las diferentes áreas: criterios, instrumentos, evaluación de competencias clave, evaluación y calificación de proyectos que se distribuyen entre varias áreas (distribución por ámbitos)... Es de vital importancia definir en este apartado el procedimiento a seguir para que se pueda informar o documentar el grado de consecución de los objetivos de etapa y las competencias clave, desde cada área o ámbito. Estos dos elementos (objetivos y competencias clave) son los referentes fundamentales para la promoción y titulación.

5. **Evaluación de la enseñanza**. Objetivos, indicadores e índices de aceptabilidad de la práctica docente: instrumentos de recogida de información, desarrollo de las sesiones de evaluación,...

6. **Anexos**:
   a. Programaciones didácticas organizadas por ciclos, departamentos didácticos o familias profesionales y cursos. Elementos comunes a todas las programaciones didácticas, como por ejemplo, el concepto «programación didáctica» y la necesidad de su diseño y desarrollo.
   b. Plantillas de centro: programación didáctica, programación de aula, modelo de presentación, modelos de actividad, modelo de proyecto, modelos de instrumentos de evaluación…
   c. [...]

# Anexo B.

# Concreción autonómica de la programación didáctica

Como nota aclaratoria, dependiendo del marco autonómico al que se haga referencia se utiliza de manera indistinta la nomenclatura programación didáctica, concreción curricular de la etapa o propuesta pedagógica de ciclo, también dependiendo de la etapa educativa que se trate. A continuación se reproducen algunas referencias a estas en marcos autonómicos diferentes.

## Educación Primaria.

**Comunidad Valenciana. Decreto 106/2022, de 5 de agosto, del Consell, de ordenación y currículo de la etapa de Educación Primaria.**

Artículo 22. Concreción curricular de centro y propuesta pedagógica de ciclo.

5. La propuesta pedagógica para cada ciclo tiene que concretar los elementos del currículo necesarios para planificar la acción educativa, así como los instrumentos de recogida y registro de información, y la respuesta educativa para la inclusión. La propuesta incluirá, al menos, los elementos siguientes: la concreción de las competencias específicas en el ciclo en cuestión, la selección de los saberes básicos necesarios para adquirir y desarrollar las competencias específicas, y la concreción de los criterios de evaluación de las competencias específicas.

Estos acuerdos tienen que formar parte de la propuesta pedagógica para cada ciclo, que se tiene que recoger en la concreción curricular del centro.

**Comunidad Autónoma de Galicia. Decreto 155/2022, de 15 de septiembre, por el que se establecen la ordenación y el currículo de la Educación Primaria en la Comunidad Autónoma de Galicia.**

Artículo 14. Concreción curricular.

2. La concreción curricular de la etapa incluirá, como mínimo:

a) La adecuación de los objetivos de la etapa al contexto del centro.

b) La contribución a la adquisición de las competencias clave.

c) Los criterios para desarrollar los principios pedagógicos e incorporar los elementos transversales.

d) Los criterios de carácter general sobre la metodología.

e) Los criterios de carácter general sobre los materiales y recursos didácticos.

f) Los criterios para el diseño de las actividades complementarias.

g) Los criterios para el diseño de los planes específicos de refuerzo para el alumnado que deba permanecer un año más en el mismo curso.

h) Los criterios generales para la evaluación y la promoción.

i) Las decisiones y los criterios generales para la elaboración y evaluación de las programaciones didácticas.

j) Los criterios para la participación del centro en proyectos, planes y programas.

k) El procedimiento para la revisión, evaluación y modificación de la concreción curricular.

## Educación Infantil.

**Comunidad Autónoma de Aragón. Orden ECD/853/2022, de 13 de junio, por la que se aprueban el currículo y las características de la evaluación de la Educación Infantil y se autoriza su aplicación en los centros docentes de la Comunidad Autónoma de Aragón.**

Artículo 26. Programaciones didácticas.

2. La programación didáctica es el instrumento de planificación curricular específico para el ciclo y deberá incluir necesariamente, los siguientes aspectos:

a) Las competencias específicas y los criterios de evaluación asociados a ellas para cada una de las áreas de conocimiento para cada ciclo de la etapa.

b) La organización y secuenciación de los saberes básicos de las diferentes áreas de conocimiento.

c) La incorporación, concreción y tratamiento del Plan de implementación de elementos transversales al ciclo.

d) Los procedimientos e instrumentos de evaluación del aprendizaje del alumnado.

e) Las estrategias didácticas y metodológicas: Organización, recursos, agrupamientos, enfoques de enseñanza, criterios para la elaboración de situaciones didácticas y otros elementos que se consideren necesarios.

f) Las actuaciones generales de atención a las diferencias individuales y las adaptaciones curriculares para el alumnado que las precise.

g) Las actividades complementarias y extraescolares programadas por el equipo didáctico del ciclo de acuerdo con el Programa anual de actividades complementarias y extraescolares establecidas por el centro.

h) Los procedimientos para que el equipo didáctico del ciclo evalúe, valore y revise los procesos de enseñanza y aprendizaje y el resultado de la aplicación de las programaciones didácticas.

i) Las medidas necesarias para la utilización de los recursos digitales.

j) En su caso, medidas complementarias que se plantean para el tratamiento del área de conocimiento dentro de proyectos o itinerarios bilingües o plurilingües, o de proyectos de lenguas y modalidades lingüísticas propias de la Comunidad Autónoma de Aragón.

3. Además, para el segundo ciclo incluirán las estrategias de aproximación a la lectura y desarrollo de la expresión oral y las estrategias para la aproximación a la expresión escrita.

## Comunidad Autónoma de Cantabria. Decreto 66/2022, de 7 de julio, por el que se establece el currículo de la Educación Infantil y de la Educación Primaria en la Comunidad Autónoma de Cantabria.

Artículo 12.5. Las programaciones didácticas contendrán, al menos:

1. La selección de los saberes básicos más relevantes para el logro de los objetivos y competencias de la etapa en cada curso escolar.

2. Las concreciones más significativas de los métodos didácticos recogidos en la propuesta pedagógica.

3. Los instrumentos de evaluación diseñados para la recogida de información sobre los procesos de aprendizaje del alumnado, concretando de forma específica, para el segundo ciclo de la etapa, los aspectos básicos relativos a la adquisición de la lectoescritura y las habilidades lógico-matemáticas.

# Anexo C.

# Marco normativo

El marco normativo que justifica legalmente la programación didáctica debe actualizarse en cada curso escolar y adecuarse a cada comunidad autónoma y a cada centro educativo.

A continuación se detallan dos posibles estructuras de marco normativo. La primera es una propuesta completa. La segunda es una propuesta más específica, por tanto más sucinta y con menos referencias legislativas. Se trata de marcos normativos actualizados en el momento de la redacción de este apartado y contextualizados para la Administración educativa de la Comunidad Valenciana.

## Propuesta I: Versión completa del marco normativo de un área de 2.º ciclo de Educación Infantil en la Comunidad Valenciana.

La actual programación didáctica toma como marco normativo las disposiciones reglamentarias siguientes:

**Marco nacional:**
- Ley Orgánica 2/2006, de 3 de mayo, de Educación; Ley Orgánica 3/2020, de 29 de diciembre, por la que se modifica la Ley Orgánica 2/2006, de 3 de mayo, de Educación (marco general del sistema educativo: principios, objetivos...).

- Real Decreto 95/2022, de 1 de febrero, por el que se establece la ordenación y las enseñanzas mínimas de la Educación Infantil. (marco general básico: competencias clave, competencias específicas, criterios de evaluación y saberes básicos).

**Marco autonómico:**

- Decreto 100/2022, de 29 de julio, del Consell, por el cual se establece la ordenación y el currículo de Educación Infantil. (marco autonómico: competencias específicas, criterios de evaluación, saberes básicos…).
- Decreto 253/2019, de 29 de noviembre, del Consejo, de regulación de la organización y el funcionamiento de los centros públicos que imparten enseñanzas de Educación Infantil o de Educación Primaria (organización y funcionamiento del centro educativo).
- Decreto 104/2018, de 27 de julio, del Consejo, por el que se desarrollan los principios de equidad y de inclusión en el sistema educativo valenciano. (marco estratégico general de atención inclusiva).
- Orden 20/2019, de 30 de abril, de la Consejería de Educación, Investigación, Cultura y Deporte, por la que se regula la organización de la respuesta educativa para la inclusión del alumnado en los centros docentes sostenidos con fondos públicos del sistema educativo valenciano. (concreta el Decreto 104/2018 y regula la respuesta educativa para la inclusión - en el capítulo IV detalla medidas de respuesta).
- Decreto 195/2022, de 11 de noviembre, del Consell, de igualdad y convivencia en el sistema educativo valenciano (derechos y deberes de la comunidad educativa).
- Orden 32/2011, de 20 de diciembre, de la Consejería de Educación, Formación y Empleo, por la que se regula el derecho del alumnado a la objetividad en la evaluación, y se establece el procedimiento de reclamación de calificaciones obtenidas y de las decisiones de promoción, de certificación o de obtención del título académico que corresponda (procedimiento de reclamación de calificaciones - evaluación).
- Resolución de 5 de julio de 2022, del secretario autonómico de Educación y Formación Profesional, por la que se aprueban las instrucciones para la organización y el funcionamiento de los centros que imparten Educación Infantil de segundo ciclo y Educación Primaria durante el curso 2022-2023 (instrucciones de organización y funcionamiento de los centros de Educación Infantil y Primaria).

- Resolución de 28 de junio de 2018, de la Subsecretaría de la Conselleria de Educación, Investigación, Cultura y Deporte, por la que se dictan instrucciones por el cumplimiento de la normativa de protección de datos en los centros educativos públicos de titularidad de la Generalitat . (protección de datos en el ámbito educativo de la Comunidad Valenciana).

**Marco del centro educativo:**
- Proyecto Educativo de Centro (enlazar)
- Proyecto de gestión y régimen económico (enlazar)
- Normas de organización y funcionamiento (enlazar)

### Propuesta 2: versión reducida del marco normativo de un área o ámbito de Educación Primaria en la Comunidad Valenciana.

La actual programación didáctica toma como marco normativo las disposiciones reglamentarias siguientes:

**Marco nacional:**
- Ley Orgánica 2/2006, de 3 de mayo, de Educación; Ley Orgánica 3/2020, de 29 de diciembre, por la que se modifica la Ley Orgánica 2/2006, de 3 de mayo, de Educación (marco general del sistema educativo: principios, objetivos...).
- Real Decreto 157/2022, de 1 de marzo, por el que se establecen la ordenación y las enseñanzas mínimas de la Educación Primaria (marco general básico: competencias clave, competencias específicas, criterios de evaluación y saberes básicos).

**Marco autonómico:**
- Decreto 106/2022, de 5 de agosto, del Consell, de ordenación y currículo de la etapa de Educación Primaria. (marco autonómico: competencias específicas, criterios de evaluación, saberes básicos...).
- Orden 20/2019, de 30 de abril, de la Consejería de Educación, Investigación, Cultura y Deporte, por la que se regula la organización de la respuesta educativa para la inclusión del alumnado en los centros docentes sostenidos con fondos públicos del sistema educativo valenciano. (concreta el Decreto 104/2018 y regula la respuesta educativa para la inclusión - en el capítulo IV detalla medidas de respuesta).
- Resolución de 5 de julio de 2022, del secretario autonómico de Educación y Formación Profesional, por la que se aprueban las instrucciones para la organización y el funcionamiento de los centros

que imparten Educación Infantil de segundo ciclo y Educación Primaria durante el curso 2022-2023 (instrucciones de organización y funcionamiento de los centros de Educación Infantil y Primaria).

- Resolución de 28 de junio de 2018, de la Subsecretaría de la Conselleria de Educación, Investigación, Cultura y Deporte, por la que se dictan instrucciones por el cumplimiento de la normativa de protección de datos en los centros educativos públicos de titularidad de la Generalitat . (protección de datos en el ámbito educativo de la Comunidad Valenciana).

### Marco del centro educativo:

- Proyecto Educativo de Centro (enlazar)
- Proyecto de gestión y régimen económico (enlazar)
- Normas de organización y funcionamiento (enlazar)

### Observación:

Las disposiciones legislativas indicadas en este apartado incluyen disposiciones de rango superior que obviamente, a pesar de no estar citadas de forma explícita en este marco normativo, se tienen también en cuenta. A saber:

- La Orden 20/2019 toma como referente el Decreto 104/2018;
- La Resolución de 12 de julio de 2022 hace referencia al Decreto 195/2022, a la Orden 32/2011...

Se opta por no detallar toda la legislación y hacer referencia únicamente a aquella de aplicación directa a partir de la cual se relaciona el resto de normativa de aplicación.

# Anexo D.

# Competencias clave
# y descriptores operativos

Las competencias clave fueron establecidas por la Recomendación del Consejo de la Unión Europea, de 22 de mayo de 2018, y están definidas en los Reales Decretos por los que se establece la ordenación y las enseñanzas mínimas de la Educación Infantil y Educación Primaria (Real Decreto 95/2022 y Real Decreto 157/2022, respectivamente).

Aunque las descripciones de cada una de las competencias clave son prácticamente las mismas, existen matices entre lo que se escribe en el texto legal de Educación Infantil y Primaria. En Infantil, las competencias clave suponen el primer contacto. En cambio, en primaria, suponen una transición.

## Para la Educación Infantil la descripción de las competencias clave es la siguiente.

### Competencia en comunicación lingüística (CCL)

En Educación Infantil se potencian intercambios comunicativos respetuosos con otros niños y niñas y con las personas adultas, a los que se dota de intencionalidad y contenidos progresivamente elaborados a partir de conocimientos, destrezas y actitudes que se vayan adquiriendo. Con ello se favorecerá la aparición de expresiones de creciente complejidad y corrección sobre necesidades, vivencias, emociones y sentimientos propios y de los demás. Además, la oralidad tiene un papel destacado en esta etapa no solo por ser el principal instrumento para la comunicación, la expresión y la regulación de la conducta, sino también porque es el vehículo principal que permite a niños y niñas disfrutar de un primer acercamiento a la cultura literaria a través de las rimas, retahílas, adivinanzas y cuentos, que enriquecerán su bagaje sociocultural y lingüístico desde el respeto de la diversidad.

### Competencia plurilingüe (CP)

En esta etapa, se inicia el contacto con lenguas y culturas distintas de la familiar, fomentando en niños y niñas las actitudes de respeto y aprecio por la diversidad lingüística y cultural, así como el interés por el enriquecimiento de su repertorio lingüístico. Se promueven de este modo el diálogo y la convivencia democrática.

### Competencia matemática y competencia en ciencia, tecnología e ingeniería (STEM)

Los niños y las niñas se inician en las destrezas lógico-matemáticas y dan los primeros pasos hacia el pensamiento científico a través del juego, la manipulación y la realización de experimentos sencillos. El proceso de enseñanza y aprendizaje en Educación Infantil se plantea en un contexto sugerente y divertido en el que se estimula, desde un enfoque coeducativo, la curiosidad de niños y niñas por entender aquello que configura su realidad, sobre todo lo que está al alcance de su percepción y experiencia, respetando sus ritmos de aprendizaje. Con esta finalidad, se invita a observar, clasificar, cuantificar, construir, hacerse preguntas, probar y comprobar, para entender y explicar algunos fenómenos del entorno natural próximo, iniciarse en el aprecio por el medioambiente y en la adquisición de hábitos saludables. Para el desarrollo de esta competencia clave, se presta una especial atención a la iniciación temprana en habilidades numéricas básicas, la manipulación de objetos y la comprobación de fenómenos.

### Competencia digital (CD)

Se inicia, en esta etapa, el proceso de alfabetización digital que conlleva, entre otros, el acceso a la información, la comunicación y la creación de contenidos a través de medios digitales, así como el uso saludable y responsable de herramientas digitales. Además, el uso y la integración de estas herramientas en las actividades, experiencias y materiales del aula pueden contribuir a aumentar la motivación, la comprensión y el progreso en la adquisición de aprendizajes de niños y niñas.

### Competencia personal, social y de aprender a aprender (CPSAA)

Resulta especialmente relevante que los niños y las niñas se inicien en el reconocimiento, la expresión y el control progresivo de sus propias emociones y sentimientos, y avancen en la identificación de las emociones y sentimientos de los demás, así como en el desarrollo de actitudes de comprensión y empatía. Por otro lado, la escolarización en esta etapa supone también el descubrimiento de un entorno diferente al familiar, en el que se experimenta la satisfacción de aprender en sociedad, mientras se comparte la experiencia propia con otras personas y se coopera con ellas de forma constructiva. Para ello, los niños y las niñas comienzan a poner en marcha, de manera cada vez más eficaz, recursos personales y estrategias que los ayudan a desenvolverse en el entorno social con progresiva autonomía y a resolver los conflictos a través del diálogo en un contexto integrador y de apoyo.

### Competencia ciudadana (CC)

Con el objetivo de sentar las bases para el ejercicio de una ciudadanía democrática, se ofrecen, en esta etapa, modelos positivos que favorezcan el aprendizaje de actitudes basadas en los valores de respeto, equidad, igualdad, inclusión y convivencia, y que ofrezcan pautas para la resolución pacífica y dialogada de los conflictos. Se invita también a la identificación de hechos sociales relativos a la propia identidad y cultura. Del mismo modo, se fomenta un compromiso activo con los valores y las prácticas de la sostenibilidad y del cuidado y protección de los animales. A tal fin, se promueve la adquisición de hábitos saludables y sostenibles a partir de rutinas que niños y niñas irán integrando en sus prácticas cotidianas. Además, se sientan las condiciones necesarias para crear comportamientos respetuosos con ellos mismos, con los demás y con el medio, que prevengan conductas discriminatorias de cualquier tipo.

### Competencia emprendedora (CE)

La creación y la innovación son dos factores clave para el desarrollo personal, la inclusión social y la ciudadanía activa a lo largo de la vida. La Educación Infantil es una etapa en la que se estimulan la curiosidad, la iniciativa, la imaginación y la disposición a indagar y a crear mediante el juego, las actividades dirigidas o libres, los proyectos cooperativos y otras propuestas de aprendizaje, lo cual supone una oportunidad para potenciar la autonomía y materializar las ideas personales o colectivas. De esta manera, se asientan las bases tanto del pensamiento estratégico y creativo, como de la resolución de problemas, y se fomenta el análisis crítico y constructivo desde las primeras edades.

### Competencia en conciencia y expresión culturales (CCEC)

Para que los niños y las niñas construyan y enriquezcan su identidad, se fomenta en esta etapa la expresión creativa de ideas, sentimientos y emociones a través de diversos lenguajes y distintas formas artísticas. Asimismo, se ayuda al desarrollo de la conciencia cultural y del sentido de pertenencia a la sociedad a través de un primer acercamiento a las manifestaciones culturales y artísticas.

## Para la Educación Primaria la descripción de las competencias clave es la siguiente.

### Competencia en comunicación lingüística (CCL)

La competencia en comunicación lingüística supone interactuar de forma oral, escrita, signada o multimodal de manera coherente y adecuada en diferentes ámbitos y contextos y con diferentes propósitos comunicativos. Implica movilizar, de manera consciente, el conjunto de conocimientos, destrezas y actitudes que permiten comprender, interpretar y valorar críticamente mensajes orales, escritos, signados o multimodales evitando los riesgos de manipulación y desinformación, así como comunicarse eficazmente con otras personas de manera cooperativa, creativa, ética y respetuosa.

La competencia en comunicación lingüística constituye la base para el pensamiento propio y para la construcción del conocimiento en todos los ámbitos del saber. Por ello, su desarrollo está vinculado a la reflexión explícita acerca del funcionamiento de la lengua en los géneros discursivos específicos de cada área de conocimiento, así como a los usos de la oralidad, la escritura o la signación para pensar y para aprender. Por último, hace posible apreciar la dimensión estética del lenguaje y disfrutar de la cultura literaria.

### Competencia plurilingüe (CP)

La competencia plurilingüe implica utilizar distintas lenguas, orales o signadas, de forma apropiada y eficaz para el aprendizaje y la comunicación. Esta competencia supone reconocer y respetar los perfiles lingüísticos individuales y aprovechar las experiencias propias para desarrollar estrategias que permitan mediar y hacer transferencias entre lenguas, incluidas las clásicas, y, en su caso, mantener y adquirir destrezas en la lengua o lenguas familiares y en las lenguas oficiales. Integra, asimismo, dimensiones históricas e interculturales orientadas a conocer, valorar y respetar la diversidad lingüística y cultural de la sociedad con el objetivo de fomentar la convivencia democrática.

## Competencia digital (CD)

La competencia digital implica el uso seguro, saludable, sostenible, crítico y responsable de las tecnologías digitales para el aprendizaje, para el trabajo y para la participación en la sociedad, así como la interacción con estas.

Incluye la alfabetización en información y datos, la comunicación y la colaboración, la educación mediática, la creación de contenidos digitales (incluida la programación), la seguridad (incluido el bienestar digital y las competencias relacionadas con la ciberseguridad), asuntos relacionados con la ciudadanía digital, la privacidad, la propiedad intelectual, la resolución de problemas y el pensamiento computacional y crítico.

## Competencia personal, social y de aprender a aprender (CPSAA)

La competencia personal, social y de aprender a aprender implica la capacidad de reflexionar sobre uno mismo para autoconocerse, aceptarse y promover un crecimiento personal constante; gestionar el tiempo y la información eficazmente; colaborar con otros de forma constructiva; mantener la resiliencia; y gestionar el aprendizaje a lo largo de la vida. Incluye también la capacidad de hacer frente a la incertidumbre y a la complejidad; adaptarse a los cambios; aprender a gestionar los procesos metacognitivos; identificar conductas contrarias a la convivencia y desarrollar estrategias para abordarlas; contribuir al bienestar físico, mental y emocional propio y de las demás personas, desarrollando habilidades para cuidarse a sí mismo y a quienes lo rodean a través de la corresponsabilidad; ser capaz de llevar una vida orientada al futuro; así como expresar empatía y abordar los conflictos en un contexto integrador y de apoyo.

## Competencia ciudadana (CC)

La competencia ciudadana contribuye a que alumnos y alumnas puedan ejercer una ciudadanía responsable y participar plenamente en la vida social y cívica, basándose en la comprensión de los conceptos y las estructuras sociales, económicas, jurídicas y políticas, así como en el conocimiento de los acontecimientos mundiales y el compromiso activo con la sostenibilidad y el logro de una ciudadanía mundial. Incluye la alfabetización cívica, la adopción consciente de los valores propios de una cultura democrática fundada en el respeto a los derechos humanos, la reflexión crítica acerca de los grandes problemas éticos de nuestro tiempo y el desarrollo de un estilo de vida sostenible acorde con los Objetivos de Desarrollo Sostenible planteados en la Agenda 2030.

### Competencia emprendedora (CE)

La competencia emprendedora implica desarrollar un enfoque vital dirigido a actuar sobre oportunidades e ideas, utilizando los conocimientos específicos necesarios para generar resultados de valor para otras personas. Aporta estrategias que permiten adaptar la mirada para detectar necesidades y oportunidades; entrenar el pensamiento para analizar y evaluar el entorno, y crear y replantear ideas utilizando la imaginación, la creatividad, el pensamiento estratégico y la reflexión ética, crítica y constructiva dentro de los procesos creativos y de innovación; y despertar la disposición a aprender, a arriesgar y a afrontar la incertidumbre. Asimismo, implica tomar decisiones basadas en la información y el conocimiento y colaborar de manera ágil con otras personas, con motivación, empatía y habilidades de comunicación y de negociación, para llevar las ideas planteadas a la acción mediante la planificación y gestión de proyectos sostenibles de valor social, cultural y económico-financiero.

### Competencia en conciencia y expresión culturales (CCEC)

La competencia en conciencia y expresión culturales supone comprender y respetar el modo en que las ideas, las opiniones, los sentimientos y las emociones se expresan y se comunican de forma creativa en distintas culturas y por medio de una amplia gama de manifestaciones artísticas y culturales. Implica también un compromiso con la comprensión, el desarrollo y la expresión de las ideas propias y del sentido del lugar que se ocupa o del papel que se desempeña en la sociedad. Asimismo, requiere la comprensión de la propia identidad en evolución y del patrimonio cultural en un mundo caracterizado por la diversidad, así como la toma de conciencia de que el arte y otras manifestaciones culturales pueden suponer una manera de mirar el mundo y de darle forma.

Los descriptores operativos de las competencias clave constituyen, junto con los objetivos de la etapa, el marco referencial a partir del cual se concretan las competencias específicas de cada área, ámbito o materia. Esta vinculación entre descriptores operativos y competencias específicas propicia que de la evaluación de estas últimas pueda colegirse el grado de adquisición de las competencias clave definidas en el perfil de salida y, por tanto, la consecución de las competencias y objetivos previstos para la etapa.

Competencia matemática y competencia en ciencia, tecnología e ingeniería (STEM)

La competencia matemática y competencia en ciencia, tecnología e ingeniería (competencia STEM por sus siglas en inglés) entraña la comprensión del mundo utilizando los métodos científicos, el pensamiento y representación matemáticos, la tecnología y los métodos de la ingeniería para transformar el entorno de forma comprometida, responsable y sostenible.

- La competencia matemática permite desarrollar y aplicar la perspectiva y el razonamiento matemáticos con el fin de resolver diversos problemas en diferentes contextos.
- La competencia en ciencia conlleva la comprensión y explicación del entorno natural y social, utilizando un conjunto de conocimientos y metodologías, incluidas la observación y la experimentación, con el fin de plantear preguntas y extraer conclusiones basadas en pruebas para poder interpretar y transformar el mundo natural y el contexto social.
- La competencia en tecnología e ingeniería comprende la aplicación de los conocimientos y metodologías propios de las ciencias para transformar nuestra sociedad de acuerdo con las necesidades o deseos de las personas en un marco de seguridad, responsabilidad y sostenibilidad.

| Competencia en comunicación lingüística (CCL) ||
|---|---|
| Al completar la Educación Primaria, el alumno o la alumna… | Al completar la enseñanza básica, el alumno o la alumna… |
| CCL1. Expresa hechos, conceptos, pensamientos, opiniones o sentimientos de forma oral, escrita, signada o multimodal, con claridad y adecuación a diferentes contextos cotidianos de su entorno personal, social y educativo, y participa en interacciones comunicativas con actitud cooperativa y respetuosa, tanto para intercambiar información y crear conocimiento como para construir vínculos personales. | CCL1. Se expresa de forma oral, escrita, signada o multimodal con coherencia, corrección y adecuación a los diferentes contextos sociales, y participa en interacciones comunicativas con actitud cooperativa y respetuosa tanto para intercambiar información, crear conocimiento y transmitir opiniones, como para construir vínculos personales. |
| CCL2. Comprende, interpreta y valora textos orales, escritos, signados o multimodales sencillos de los ámbitos personal, social y educativo, con acompañamiento puntual, para participar activamente en contextos cotidianos y para construir conocimiento. | CCL2. Comprende, interpreta y valora con actitud crítica textos orales, escritos, signados o multimodales de los ámbitos personal, social, educativo y profesional para participar en diferentes contextos de manera activa e informada y para construir conocimiento. |
| CCL3. Localiza, selecciona y contrasta, con el debido acompañamiento, información sencilla procedente de dos o más fuentes, evaluando su fiabilidad y utilidad en función de los objetivos de lectura, y la integra y transforma en conocimiento para comunicarla adoptando un punto de vista creativo, crítico y personal a la par que respetuoso con la propiedad intelectual. | CCL3. Localiza, selecciona y contrasta de manera progresivamente autónoma información procedente de diferentes fuentes, evaluando su fiabilidad y pertinencia en función de los objetivos de lectura y evitando los riesgos de manipulación y desinformación, y la integra y transforma en conocimiento para comunicarla, adoptando un punto de vista creativo, crítico y personal a la par que respetuoso con la propiedad intelectual. |
| CCL4. Lee obras diversas adecuadas a su progreso madurativo, seleccionando aquellas que mejor se ajustan a sus gustos e intereses; reconoce el patrimonio literario como fuente de disfrute y aprendizaje individual y colectivo; y moviliza su experiencia personal y lectora para construir y compartir su interpretación de las obras y para crear textos de intención literaria a partir de modelos sencillos. | CCL4. Lee con autonomía obras diversas adecuadas a su edad, seleccionando las que mejor se ajustan a sus gustos e intereses; aprecia el patrimonio literario como cauce privilegiado de la experiencia individual y colectiva; y moviliza su propia experiencia biográfica y sus conocimientos literarios y culturales para construir y compartir su interpretación de las obras y para crear textos de intención literaria de progresiva complejidad. |

| Competencia en comunicación lingüística (CCL) | |
|---|---|
| Al completar la Educación Primaria, el alumno o la alumna… | Al completar la enseñanza básica, el alumno o la alumna… |
| CCL5.   Pone sus prácticas comunicativas al servicio de la convivencia democrática, la gestión dialogada de los conflictos y la igualdad de derechos de todas las personas, detectando los usos discriminatorios, así como los abusos de poder, para favorecer la utilización no solo eficaz sino también ética de los diferentes sistemas de comunicación. | CCL5.   Pone sus prácticas comunicativas al servicio de la convivencia democrática, la resolución dialogada de los conflictos y la igualdad de derechos de todas las personas, evitando los usos discriminatorios, así como los abusos de poder, para favorecer la utilización no solo eficaz sino también ética de los diferentes sistemas de comunicación. |

| Competencia plurilingüe (CP) | |
|---|---|
| Al completar la Educación Primaria, el alumno o la alumna… | Al completar la enseñanza básica, el alumno o la alumna… |
| CP1. Usa, al menos, una lengua, además de la lengua o lenguas familiares, para responder a necesidades comunicativas sencillas y predecibles, de manera adecuada tanto a su desarrollo e intereses como a situaciones y contextos cotidianos de los ámbitos personal, social y educativo. | CP1. Usa eficazmente una o más lenguas, además de la lengua o lenguas familiares, para responder a sus necesidades comunicativas, de manera apropiada y adecuada tanto a su desarrollo e intereses como a diferentes situaciones y contextos de los ámbitos personal, social, educativo y profesional. |
| CP2. A partir de sus experiencias, reconoce la diversidad de perfiles lingüísticos y experimenta estrategias que, de manera guiada, le permiten realizar transferencias sencillas entre distintas lenguas para comunicarse en contextos cotidianos y ampliar su repertorio lingüístico individual. | CP2.   A partir de sus experiencias, realiza transferencias entre distintas lenguas como estrategia para comunicarse y ampliar su repertorio lingüístico individual. |
| CP3.   Conoce y respeta la diversidad lingüística y cultural presente en su entorno, reconociendo y comprendiendo su valor como factor de diálogo, para mejorar la convivencia. | CP3.   Conoce, valora y respeta la diversidad lingüística y cultural presente en la sociedad, integrándola en su desarrollo personal como factor de diálogo, para fomentar la cohesión social. |

| Competencia digital (CD) | |
|---|---|
| Al completar la Educación Primaria, el alumno o la alumna… | Al completar la enseñanza básica, el alumno o la alumna… |
| CD1.   Realiza búsquedas guiadas en internet y hace uso de estrategias sencillas para el tratamiento digital de la información (palabras clave, selección de información relevante, organización de datos…) con una actitud crítica sobre los contenidos obtenidos. | CD1.   Realiza búsquedas en internet atendiendo a criterios de validez, calidad, actualidad y fiabilidad, seleccionando los resultados de manera crítica y archivándolos, para recuperarlos, referenciarlos y reutilizarlos, respetando la propiedad intelectual. |
| CD2.   Crea, integra y reelabora contenidos digitales en distintos formatos (texto, tabla, imagen, audio, vídeo, programa informático…) mediante el uso de diferentes herramientas digitales para expresar ideas, sentimientos y conocimientos, respetando la propiedad intelectual y los derechos de autor de los contenidos que reutiliza. | CD2.   Gestiona y utiliza su entorno personal digital de aprendizaje para construir conocimiento y crear contenidos digitales, mediante estrategias de tratamiento de la información y el uso de diferentes herramientas digitales, seleccionando y configurando la más adecuada en función de la tarea y de sus necesidades de aprendizaje permanente. |
| CD3.   Participa en actividades o proyectos escolares mediante el uso de herramientas o plataformas virtuales para construir nuevo conocimiento, comunicarse, trabajar cooperativamente, y compartir datos y contenidos en entornos digitales restringidos y supervisados de manera segura, con una actitud abierta y responsable ante su uso. | CD3.   Se comunica, participa, colabora e interactúa compartiendo contenidos, datos e información mediante herramientas o plataformas virtuales, y gestiona de manera responsable sus acciones, presencia y visibilidad en la red, para ejercer una ciudadanía digital activa, cívica y reflexiva. |
| CD4.   Conoce los riesgos y adopta, con la orientación del docente, medidas preventivas al usar las tecnologías digitales para proteger los dispositivos, los datos personales, la salud y el medioambiente, y se inicia en la adopción de hábitos de uso crítico, seguro, saludable y sostenible de dichas tecnologías. | CD4.   Identifica riesgos y adopta medidas preventivas al usar las tecnologías digitales para proteger los dispositivos, los datos personales, la salud y el medioambiente, y para tomar conciencia de la importancia y necesidad de hacer un uso crítico, legal, seguro, saludable y sostenible de dichas tecnologías. |
| CD5.   Se inicia en el desarrollo de soluciones digitales sencillas y sostenibles (reutilización de materiales tecnológicos, programación informática por bloques, robótica educativa…) para resolver problemas concretos o retos propuestos de manera creativa, solicitando ayuda en caso necesario. | CD5.   Desarrolla aplicaciones informáticas sencillas y soluciones tecnológicas creativas y sostenibles para resolver problemas concretos o responder a retos propuestos, mostrando interés y curiosidad por la evolución de las tecnologías digitales y por su desarrollo sostenible y uso ético. |

| Competencia personal, social y de aprender a aprender (CPSAA) ||
| Al completar la Educación Primaria, el alumno o la alumna… | Al completar la enseñanza básica, el alumno o la alumna… |
| --- | --- |
| CPSAA1. Es consciente de las propias emociones, ideas y comportamientos personales y emplea estrategias para gestionarlas en situaciones de tensión o conflicto, adaptándose a los cambios y armonizándolos para alcanzar sus propios objetivos. | CPSAA1. Regula y expresa sus emociones, fortaleciendo el optimismo, la resiliencia, la autoeficacia y la búsqueda de propósito y motivación hacia el aprendizaje, para gestionar los retos y cambios y armonizarlos con sus propios objetivos. |
| CPSAA2. Conoce los riesgos más relevantes y los principales activos para la salud, adopta estilos de vida saludables para su bienestar físico y mental, y detecta y busca apoyo ante situaciones violentas o discriminatorias. | CPSAA2. Comprende los riesgos para la salud relacionados con factores sociales, consolida estilos de vida saludable a nivel físico y mental, reconoce conductas contrarias a la convivencia y aplica estrategias para abordarlas. |
| CPSAA3. Reconoce y respeta las emociones y experiencias de las demás personas, participa activamente en el trabajo en grupo, asume las responsabilidades individuales asignadas y emplea estrategias cooperativas dirigidas a la consecución de objetivos compartidos. | CPSAA3. Comprende proactivamente las perspectivas y las experiencias de las demás personas y las incorpora a su aprendizaje, para participar en el trabajo en grupo, distribuyendo y aceptando tareas y responsabilidades de manera equitativa y empleando estrategias cooperativas. |
| CPSAA4. Reconoce el valor del esfuerzo y la dedicación personal para la mejora de su aprendizaje y adopta posturas críticas en procesos de reflexión guiados. | CPSAA4. Realiza autoevaluaciones sobre su proceso de aprendizaje, buscando fuentes fiables para validar, sustentar y contrastar la información y para obtener conclusiones relevantes. |
| CPSAA5. Planea objetivos a corto plazo, utiliza estrategias de aprendizaje autorregulado y participa en procesos de auto y coevaluación, reconociendo sus limitaciones y sabiendo buscar ayuda en el proceso de construcción del conocimiento. | CPSAA5. Planea objetivos a medio plazo y desarrolla procesos metacognitivos de retroalimentación para aprender de sus errores en el proceso de construcción del conocimiento. |

| Competencia ciudadana (CC) ||
| Al completar la Educación Primaria, el alumno o la alumna… | Al completar la enseñanza básica, el alumno o la alumna… |
|---|---|
| CC1. Entiende los procesos históricos y sociales más relevantes relativos a su propia identidad y cultura, reflexiona sobre las normas de convivencia, y las aplica de manera constructiva, dialogante e inclusiva en cualquier contexto | CC1. Analiza y comprende ideas relativas a la dimensión social y ciudadana de su propia identidad, así como a los hechos culturales, históricos y normativos que la determinan, demostrando respeto por las normas, empatía, equidad y espíritu constructivo en la interacción con los demás en cualquier contexto. |
| CC2. Participa en actividades comunitarias, en la toma de decisiones y en la resolución de los conflictos de forma dialogada y respetuosa con los procedimientos democráticos, los principios y valores de la Unión Europea y la Constitución española, los derechos humanos y de la infancia, el valor de la diversidad, y el logro de la igualdad de género, la cohesión social y los Objetivos de Desarrollo Sostenible | CC2. Analiza y asume fundadamente los principios y valores que emanan del proceso de integración europea, la Constitución española y los derechos humanos y de la infancia, participando en actividades comunitarias, como la toma de decisiones o la resolución de conflictos, con actitud democrática, respeto por la diversidad, y compromiso con la igualdad de género, la cohesión social, el desarrollo sostenible y el logro de la ciudadanía mundial. |
| CC3. Reflexiona y dialoga sobre valores y problemas éticos de actualidad, comprendiendo la necesidad de respetar diferentes culturas y creencias, de cuidar el entorno, de rechazar prejuicios y estereotipos, y de oponerse a cualquier forma de discriminación o violencia. | CC3. Comprende y analiza problemas éticos fundamentales y de actualidad, considerando críticamente los valores propios y ajenos, y desarrollando juicios propios para afrontar la controversia moral con actitud dialogante, argumentativa, respetuosa y opuesta a cualquier tipo de discriminación o violencia. |
| CC4. Comprende las relaciones sistémicas entre las acciones humanas y el entorno, y se inicia en la adopción de estilos de vida sostenibles, para contribuir a la conservación de la biodiversidad desde una perspectiva tanto local como global. | CC4. Comprende las relaciones sistémicas de interdependencia, ecodependencia e interconexión entre actuaciones locales y globales, y adopta, de forma consciente y motivada, un estilo de vida sostenible y ecosocialmente responsable. |

| Competencia emprendedora (CE) | |
| --- | --- |
| Al completar la Educación Primaria, el alumno o la alumna… | Al completar la enseñanza básica, el alumno o la alumna… |
| CE1. Reconoce necesidades y retos que afrontar y elabora ideas originales, utilizando destrezas creativas y tomando conciencia de las consecuencias y efectos que las ideas pudieran generar en el entorno, para proponer soluciones valiosas que respondan a las necesidades detectadas. | CE1. Analiza necesidades y oportunidades y afronta retos con sentido crítico, haciendo balance de su sostenibilidad, valorando el impacto que puedan suponer en el entorno, para presentar ideas y soluciones innovadoras, éticas y sostenibles, dirigidas a crear valor en el ámbito personal, social, educativo y profesional. |
| CE2. Identifica fortalezas y debilidades propias utilizando estrategias de autoconocimiento y se inicia en el conocimiento de elementos económicos y financieros básicos, aplicándolos a situaciones y problemas de la vida cotidiana, para detectar aquellos recursos que puedan llevar las ideas originales y valiosas a la acción. | CE2. Evalúa las fortalezas y debilidades propias, haciendo uso de estrategias de autoconocimiento y autoeficacia, y comprende los elementos fundamentales de la economía y las finanzas, aplicando conocimientos económicos y financieros a actividades y situaciones concretas, utilizando destrezas que favorezcan el trabajo colaborativo y en equipo, para reunir y optimizar los recursos necesarios que lleven a la acción una experiencia emprendedora que genere valor. |
| CE3. Crea ideas y soluciones originales, planifica tareas, coopera con otros en equipo, valorando el proceso realizado y el resultado obtenido, para llevar a cabo una iniciativa emprendedora, considerando la experiencia como una oportunidad para aprender. | CE3. Desarrolla el proceso de creación de ideas y soluciones valiosas y toma decisiones, de manera razonada, utilizando estrategias ágiles de planificación y gestión, y reflexiona sobre el proceso realizado y el resultado obtenido, para llevar a término el proceso de creación de prototipos innovadores y de valor, considerando la experiencia como una oportunidad para aprender. |

| Competencia en conciencia y expresión culturales (CCEC) ||
| --- | --- |
| Al completar la Educación Primaria, el alumno o la alumna… | Al completar la enseñanza básica, el alumno o la alumna… |
| CCEC1. Reconoce y aprecia los aspectos fundamentales del patrimonio cultural y artístico, comprendiendo las diferencias entre distintas culturas y la necesidad de respetarlas. | CCEC1. Conoce, aprecia críticamente y respeta el patrimonio cultural y artístico, implicándose en su conservación y valorando el enriquecimiento inherente a la diversidad cultural y artística. |
| CCEC2. Reconoce y se interesa por las especificidades e intencionalidades de las manifestaciones artísticas y culturales más destacadas del patrimonio, identificando los medios y soportes, así como los lenguajes y elementos técnicos que las caracterizan. | CCEC2. Disfruta, reconoce y analiza con autonomía las especificidades e intencionalidades de las manifestaciones artísticas y culturales más destacadas del patrimonio, distinguiendo los medios y soportes, así como los lenguajes y elementos técnicos que las caracterizan. |
| CCEC3. Expresa ideas, opiniones, sentimientos y emociones de forma creativa y con una actitud abierta e inclusiva, empleando distintos lenguajes artísticos y culturales, integrando su propio cuerpo, interactuando con el entorno y desarrollando sus capacidades afectivas. | CCEC3. Expresa ideas, opiniones, sentimientos y emociones por medio de producciones culturales y artísticas, integrando su propio cuerpo y desarrollando la autoestima, la creatividad y el sentido del lugar que ocupa en la sociedad, con una actitud empática, abierta y colaborativa. |
| CCEC4. Experimenta de forma creativa con diferentes medios y soportes, y diversas técnicas plásticas, visuales, audiovisuales, sonoras o corporales, para elaborar propuestas artísticas y culturales. | CCEC4. Conoce, selecciona y utiliza con creatividad diversos medios y soportes, así como técnicas plásticas, visuales, audiovisuales, sonoras o corporales, para la creación de productos artísticos y culturales, tanto de forma individual como colaborativa, identificando oportunidades de desarrollo personal, social y laboral, así como de emprendimiento. |

| Competencia matemática y competencia en ciencia, tecnología e ingeniería (STEM) ||
| --- | --- |
| Al completar la Educación Primaria, el alumno o la alumna… | Al completar la enseñanza básica, el alumno o la alumna… |
| STEM1. Utiliza, de manera guiada, algunos métodos inductivos y deductivos propios del razonamiento matemático en situaciones conocidas, y selecciona y emplea algunas estrategias para resolver problemas reflexionando sobre las soluciones obtenidas. | STEM1. Utiliza métodos inductivos y deductivos propios del razonamiento matemático en situaciones conocidas, y selecciona y emplea diferentes estrategias para resolver problemas analizando críticamente las soluciones y reformulando el procedimiento, si fuera necesario. |

| Competencia matemática y competencia en ciencia, tecnología e ingeniería (STEM) | |
|---|---|
| Al completar la Educación Primaria, el alumno o la alumna… | Al completar la enseñanza básica, el alumno o la alumna… |
| STEM2.   Utiliza el pensamiento científico para entender y explicar algunos de los fenómenos que ocurren a su alrededor, confiando en el conocimiento como motor de desarrollo, utilizando herramientas e instrumentos adecuados, planteándose preguntas y realizando experimentos sencillos de forma guiada. | STEM2.   Utiliza el pensamiento científico para entender y explicar los fenómenos que ocurren a su alrededor, confiando en el conocimiento como motor de desarrollo, planteándose preguntas y comprobando hipótesis mediante la experimentación y la indagación, utilizando herramientas e instrumentos adecuados, apreciando la importancia de la precisión y la veracidad y mostrando una actitud crítica acerca del alcance y las limitaciones de la ciencia. |
| STEM3.   Realiza, de forma guiada, proyectos, diseñando, fabricando y evaluando diferentes prototipos o modelos, adaptándose ante la incertidumbre, para generar en equipo un producto creativo con un objetivo concreto, procurando la participación de todo el grupo y resolviendo pacíficamente los conflictos que puedan surgir. | STEM3.   Plantea y desarrolla proyectos diseñando, fabricando y evaluando diferentes prototipos o modelos para generar o utilizar productos que den solución a una necesidad o problema de forma creativa y en equipo, procurando la participación de todo el grupo, resolviendo pacíficamente los conflictos que puedan surgir, adaptándose ante la incertidumbre y valorando la importancia de la sostenibilidad. |
| STEM4.   Interpreta y transmite los elementos más relevantes de algunos métodos y resultados científicos, matemáticos y tecnológicos de forma clara y veraz, utilizando la terminología científica apropiada, en diferentes formatos (dibujos, diagramas, gráficos, símbolos…) y aprovechando de forma crítica, ética y responsable la cultura digital para compartir y construir nuevos conocimientos. | STEM4.   Interpreta y transmite los elementos más relevantes de procesos, razonamientos, demostraciones, métodos y resultados científicos, matemáticos y tecnológicos de forma clara y precisa y en diferentes formatos (gráficos, tablas, diagramas, fórmulas, esquemas, símbolos.), aprovechando de forma crítica la cultura digital e incluyendo el lenguaje matemático-formal con ética y responsabilidad, para compartir y construir nuevos conocimientos. |
| STEM5.   Participa en acciones fundamentadas científicamente para promover la salud y preservar el medio ambiente y los seres vivos, aplicando principios de ética y seguridad y practicando el consumo responsable. | STEM5.   Emprende acciones fundamentadas científicamente para promover la salud física, mental y social, y preservar el medio ambiente y los seres vivos; y aplica principios de ética y seguridad en la realización de proyectos para transformar su entorno próximo de forma sostenible, valorando su impacto global y practicando el consumo responsable. |

# Glosario

COMPETENCIA. Conjunto complejo de desempeños (conocimientos, habilidades, actitudes y valores) que cada persona pone en práctica en un contexto concreto para hacer frente a las demandas peculiares de cada situación.

COMPETENCIA CLAVE. Desempeños que se consideran imprescindibles para que el alumnado pueda progresar con garantías de éxito en su itinerario formativo, y afrontar los principales retos y desafíos globales y locales.

COMPETENCIA ESPECÍFICA. Desempeños que el alumnado debe poder desplegar en actividades o en situaciones cuyo abordaje requiere de los saberes básicos de cada materia o ámbito.

CONTEXTO EXTERNO. Entorno social, institucional, económico y demográfico que influye de manera directa e indirecta en el centro educativo.

CONTEXTO INTERNO. Idiosincrasia del alumnado del grupo-clase al que se dirige la programación didáctica.

CRITERIOS DE EVALUACIÓN. Referentes que indican los niveles de desempeño esperados en el alumnado en las situaciones o actividades a las que se refieren las competencias específicas de cada materia o ámbito en un momento determinado de su proceso de aprendizaje.

DESCRIPTORES OPERATIVOS. Elementos que concretan el grado de desempeño que se pretende que consiga el alumnado en la adquisición de las competencias clave para cada una de las etapas.

DISEÑO UNIVERSAL PARA EL APRENDIZAJE (DUA). Conjunto de principios que proponen al profesorado una estructura para desarrollar instrucciones que satisfagan las necesidades de todo el alumnado, a través de la utilización de representación, expresión y participación.

EDUCACIÓN BÁSICA. Es la etapa de la educación en la que se debe preparar a las nuevas generaciones para la vida adulta, estableciendo las bases sólidas para la educación a lo largo de toda la vida. En España es gratuita y obligatoria y comprende desde 1.º de Educación Primaria (6 años) hasta 4.º de ESO (16 años).

EDUCACIÓN INCLUSIVA. Es aquella que garantiza que todas las personas tengan acceso a la educación, pero no a cualquier educación, sino a una educación de calidad con igualdad de oportunidades, justa y equitativa.

EVALUACIÓN. Proceso sistemático y continuo de recogida y valoración de informaciones de cara a la posterior toma de decisiones. Requiere la comparación de lo que se mide con algo considerado como válido, valioso o digno de comparación.

EVALUACIÓN INICIAL O DIAGNÓSTICA. Se plantea para conocer la situación de partida del proceso de aprendizaje que se ha de abordar en cada caso y poder diseñar la programación didáctica del modo más adecuado posible.

EVALUACIÓN FORMATIVA. Pretende informar sobre el desarrollo y la evolución del conjunto del proceso de enseñanza y aprendizaje, para tomar las decisiones necesarias que permitan la mejora del proceso de enseñanza y aprendizaje.

EVALUACIÓN SUMATIVA O FINAL. Tiene carácter de verificación y de calificación. En base a ella se toman las decisiones de tipo eminentemente administrativo de superación de nivel o etapa, promoción, certificación o titulación.

MARCO NORMATIVO. Conjunto de leyes que regulan el funcionamiento de la educación secundaria.

METACOGNICIÓN. Toma de conciencia de las operaciones mentales (tanto cognitivas como afectivas) que intervienen en el proceso de aprendizaje, para poder valorar y regular lo que se piensa, se dice y se hace.

METODOLOGÍA. Camino o estrategia que se elige para gestionar el proceso de enseñanza y aprendizaje teniendo en cuenta todas las variables que intervienen en dicho proceso.

PERFIL DE SALIDA DEL ALUMNADO. Define las competencias que ha de lograr el alumnado al finalizar una etapa educativa.

PROGRAMACIÓN DE AULA. Documento que concreta y adapta de manera operativa las acciones contenidas en la programación didáctica a las necesidades del alumnado.

PROGRAMACIÓN DIDÁCTICA. Documento que contiene la ordenación de las acciones de enseñanza necesarias para ejecutar la planificación prevista en el Proyecto Educativo de Centro.

PROGRAMACIÓN GENERAL ANUAL (PGA). Instrumento básico que recoge la planificación, la organización y el funcionamiento de un centro educativo, como concreción anual de los diferentes aspectos que se recogen en el Proyecto Educativo de Centro (PEC).

PROGRAMACIÓN MULTINIVEL. Establece diferentes niveles académicos dentro de un mismo grupo-clase, teniendo en cuenta el currículo. Todo el alumnado debe estar contemplado en la programación con sus correspondientes criterios de evaluación, indicadores de logro y actividades.

PROYECTO EDUCATIVO DE CENTRO (PEC). Documento pedagógico que define la identidad de un centro educativo, los objetivos que persigue y las prioridades de actuación, así como su estructura organizativa y funcional.

SABERES BÁSICOS. Conocimientos, destrezas y actitudes que constituyen los contenidos propios de una materia o ámbito cuyo aprendizaje es necesario para la adquisición de las competencias específicas.

SITUACIÓN DE APRENDIZAJE. Situación y actividades que implican el despliegue por parte del alumnado de actuaciones asociadas a competencias clave y competencias específicas y que contribuyen a la adquisición y desarrollo de las mismas. Una situación de aprendizaje puede ser, por ejemplo: una unidad didáctica, un proyecto de investigación, un conjunto de actividades y tareas,...

# Bibliografía

ALEXANDER, R. J. (2012). *International evidence, national policy and classroom practice: questions of judgement, vision and trust.* Discurso de apertura de la Tercera Conferencia Internacional Van Leer sobre Educación, Jerusalén.

AINSCOW, M., BOOTH, T. (2002). *Guía para la evaluación y mejora de la educación inclusiva.* CSIE y Consorcio Universitario para la Educación Inclusiva.

BARBER, M. Y MOURSHED, M. (2007). *How the world's best-performing schools systems come out on top.* Nueva York: McKinsey & Company.

BOOTH, T., AINSCOW, M. Y KINGSTON, D. (2006). *Index for inclusion*, Centre for Studies on Inclusive Education.

CAPÓ VICEDO, J. (2015). *10 pasos para desarrollar un plan estratégico y un business model canvas*, 3C Empresa (24) vol. 4, n.º 4.

CASSANY, DANIEL (1995), *La cocina de la escritura*, Anagrama.

FORO MUNDIAL SOBRE LA EDUCACIÓN (2015). *Declaración de Incheon.*

HARRIS, A. (2009). *Big change question: does politics help or hinder education change?* Journal of Educational Change, 10(1), pp. 63-67.

HATTIE, J. (2003). *Teachers Make a Difference, What is the research evidence?,* Interpretations 36 (2) pp. 27-38

HATTIE, J. (2008). *Visible learning: A synthesis of over 800 meta-analyses relating to achievement.* Londres: Routledge.

LAKE, KATHY (1994), *Integrated Curriculum. School Improvement Research Series VIII*, Northwest Regional Educational Laboratory.

MINISTERIO DE EDUCACIÓN (2020), *La reforma del currículo en el marco de la LOMLOE.* Documento base. Madrid: Ministerio de Educación.

ORGANISATION FOR ECONOMIC COOPERATION AND DEVELOPMENT (2005). *Definition and Selection of Competencies.* París: OECD.

ORGANISATION FOR ECONOMIC COOPERATION AND DEVELOPMENT (2013). *TALIS (Teaching and Learning International Survey). An International Perspective on Teaching and Learning.* París: OECD.

PÉREZ CALLE, E. Y SOLBES I MONZÓ, R. (2022), *Programaciones didácticas para ESO y Bachillerato: una propuesta práctica y fundamentada.* Valencia: Nau Llibres.

PERRENOUD, PHILIPPE (2003). *Construir competencias desde la escuela.* Providence: Comunicaciones Noreste.

RODRÍGUEZ GÓMEZ, G., IBARRA SAIZ, M.S. (eds.) (2018), *e-Evaluación orientada al e-Aprendizaje estratégico en Educación Superior*, Narcea.

RUIZ MARTÍN, H. (2020), *¿Cómo aprendemos? Una aproximación científica al aprendizaje y la enseñanza.* Barcelona: Graó.

SCHACTER, J. Y THUM, Y. M., (2004). *Paying for high-and low-quality teaching.* Economics of Education Review, 23(4), pp. 411-430.

TUCKER, P. D. Y STRONGE, J. H. (2006). *Student Achievement and Teacher Evaluation en Stronge, J.H.* (Ed). Evaluating Teaching: A Guide to Current Thinking and Best Practice. Sage: Londres.

UNESCO (1994), *Conferencia mundial sobre Necesidades Específicas Especiales: Acceso y Calidad, Declaración de Salamanca.*

UNICEF. COMITÉ ESPAÑOL (2006), *Convención sobre los derechos del niño.*

UNITED NATIONS EDUCATIONAL, SCIENTIFIC AND CULTURAL ORGANIZATION (UNESCO), *International Bureau of Education (2015),* Reconceptualizing and Repositioning Curriculum in the 21st Century, Paris: UNESCO.